スパンコールの
アクセサリー

青山美枝子 *fast couture*

はじめに

オートクチュール刺繍をはじめ、
洋服の装飾に使われることの多いスパンコール。
女性なら、誰もが一度は見たことのある素材です。

メタリックだったり、虹色に輝いたり、
光を受けて幾通りにも見え方が変わるので
見飽きることがありません。
薄くて軽いのに、存在感があるのも魅力的。

この本では、大振りでも着けやすいアクセサリーを
たくさん紹介しています。
スパンコールを折ったり、穴をあけて加工してみたら、
モードなアクセサリーができあがりました。

ハンドメイドのモードなアクセサリーを
毎日のコーディネートに、ぜひ取り入れてみてください。

Contents

Flower
		作り方
小花 イヤリング	04	40
小花 ピアス	04	48
小花と雫 イヤリング	05	50
小花 カチューシャ	06	51
小花 ネックレス	07	52

Dahlia
ダリア イヤリング	08	54
ダリア ブローチ	09	55
ダリアとリーフ イヤリング	10	56
ダリアとファー バックキャッチピアス	11	57

Butterfly
バタフライ イヤリング	12	58
ミニバタフライ ピアス	13	59
バタフライ ブローチ	14	60

Hydrangea
紫陽花 ブローチ	15	61

Clover
クローバー ピアス	16	62
クローバー ブローチ	17	63

Petal
ペタル アメリカンピアス	18	64
ペタル ピアス	19	65

Star
星屑 イヤリング	20	66
流星 ピアス	20	67
星とボール ピアス	21	68

Sakura
		作り方
桜 ブローチ	22	69
桜 ヘアコーム	23	70
桜 イヤリング	24	71
桜 ピアス	25	72

Ball
ボール ピアス	26	73
チェリー ピアス & イヤリング	27	74

Pansy
パンジー イヤリング	28	75
パンジー ブローチ	29	76
パンジー ネックレス	30	77

Leaf
リーフ フープピアス	31	79
木の葉 ブレスレット	32	78
木の葉 フープピアス	32	78
木の葉 ネックレス	34	79

基本の材料と道具　36
アクセサリーの基本的な作り方
　　小花 イヤリングの作り方　40
基本のテクニック　42

Flower　小花：小さな花は、儚さと生命力が混在する姿が美しい。

小花 イヤリング

小花を3個集めたイヤリング。
隣り合う花がお互いの姿を映し、一層輝きます。

作り方 > p.40

a

b

a

b

小花 ピアス

3枚、5枚と花びらの数を変えて。
ひんやりした清らかさが漂うピアス。

作り方 > p.48

a

b

c

小花と雫 イヤリング

小花からひと雫の朝露か、雨の粒か。
不透明なスパンコールが優しく光ります。

作り方 > p.50

小花 カチューシャ

華を添えてくれるカチューシャは、
お呼ばれの席にはもちろん、
デイリーにもさりげなく使えます。

作り方 > p.51

小花 ネックレス

コットンパールの
ノーブルなネックレス。
ゴールドの小花を
ブーケのように集めて。

作り方 > p.52

Dahlia

ダリア:花びらが幾重にも優美に広がる、1輪の存在感。

ダリア ブローチ

スパンコールにあけた
穴の向こう側で、
花びらが虹色に光ります。
近未来を感じさせるデザイン。

作り方 > p.55

ダリア イヤリング

大輪のダリアが耳元に咲き、
表情が華やかに。
情熱的な赤と黒も、
単色使いでモード感を強調。

作り方 > p.54

ダリアとリーフ イヤリング

1輪の花に、1枚の葉がすっきりと寄り添う。
ダリアの色は、葉に負けない濃い目を選んで。

作り方 > p.56

a

b

ダリアとファー
バックキャッチピアス

ダリアの後ろから
ちらりと見える柔らかなファーに、
スパンコールの硬さが引き立ちます。
作り方 > p.57

Butterfly

バタフライ：世界のどこにもいない、モードで希少な蝶々たち。

a

b

バタフライ イヤリング

そっと止まり、大きな羽を休める
メタリックな蝶々。
耳元から今にも飛び立ちそう。

作り方 > p.58

a

ミニバタフライ ピアス

飛び交い幸せを運んでくる、
小さな蝶々のピアス。
羽の色を替えてコレクションしたい。

作り方 > p.59

b

c

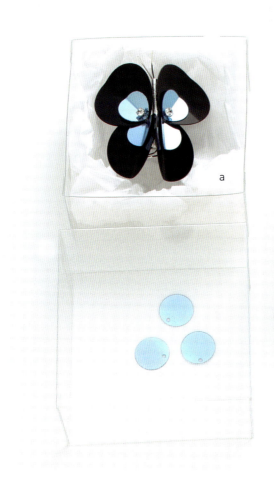

バタフライ ブローチ

スパンコールが蝶々のきらめく鱗粉のよう。
コーディネートのアクセントに、胸元に止まらせて。

作り方 > p.60

Hydrangea

紫陽花:七変化するその色は、まるで移りゆく心模様。

紫陽花 ブローチ

スクエアのスパンコールを、紫陽花の花びらに見立てて。
雨の季節にしっとりと輝きます。

作り方 > p.61

Clover

クローバー：三つ葉は古代より幸福のシンボル。

クローバー ブローチ

花言葉は「幸せ」。
ギザギザにカットしたスパンコールで、
斑入りのクローバーを表現。

作り方 > p.63

クローバー ピアス

耳に飾ると、
ねじれたメタリックな茎がゆらりと動く。
茎は気分に合わせて取り外し可能。

作り方 > p.62

Petal

ペタル：落ちた花びら1枚を、拾い上げてアクセサリーに。

ペタル アメリカンピアス

切り込みを入れたり、
折って加工したスパンコールの花びらを重ねただけで、
軽やかなピアスに。

作り方 > p.64

ペタル ピアス

メタルのバーをキャッチにつないでひと工夫。
aはパールで品よく。
bはガンメタカラーでクールに。

作り方 > p.65

| Star | 星:夜空から集めた星屑が、金銀に静かに輝く。 |

星屑 イヤリング

星のスパンコールを金具に敷き詰めて、
ひと塊のスターダストに。
大人っぽく着けられるアイテム。

作り方 > p.66

a

b

流星 ピアス

星屑にフリンジを付けて流星に。
歩くたびに星がシャラシャラと揺れ動き、
視線を集めます。

作り方 > p.67

星とボール
ピアス

惑星みたいな星模様のボールは、
コットンパールが上品で、大きくても嫌味にならない。

作り方 > p.68

| Sakura　桜：満開に心躍らせる、清らかな祝いの花。|

桜 ブローチ

花芯が花火みたいにぱっと開いた、満開の桜。
優しくごまかしのない潔さがにじみ出ます。

作り方 > p.69

a

b

桜 ヘアコーム

a　　　　　b

大小2輪の桜が、
おしとやかに並んで髪を飾ります。
晴れの日の和装や、
白いドレスに合わせても。

作り方 > p.70

桜 イヤリング

花曇りの桜、雨の桜。
どんなときも白さが美しく、
着けた人の魅力を引き立ててくれるイヤリング。

作り方 > p.71

桜 ピアス

春風に吹かれて香る、小さな桜。
普段使いにさりげなく着ければ、横顔美人になれそう。

作り方 > p.72

Ball　ボール：気分を盛り上げる、インパクト大のミラーボール。

a　b

ボール ピアス

球体と直線で構成された、
コーディネートの主役にしたい
ボリュームたっぷりのピアス。

作り方 > p.73

チェリー
ピアス ＆イヤリング

ブラックチェリーはピアス、
真っ赤なツインはイヤリング。
大人の可愛いさが詰まっています。

作り方 > p.74

| Pansy | パンジー：乙女心をそのまま花にしたような、愛らしいフォルム。 |

a   b

パンジー イヤリング

表面が加工されたシェル型スパンコールの裏と表を利用し、
花びらの表情を変えています。

作り方 > p.75

パンジー ブローチ

ビッグサイズにすることで
パンジーの甘さを抑えたブローチ。
中心はブラックで引きしめます。

作り方 >p.76

パンジー ネックレス

渋くなりがちなブラックネックレスに、
パンジーが程よい女性らしさ。フォーマルにも活躍します。

作り方 > p.77

Leaf

リーフ：生い茂る葉の気ままさ。集まっては離れ、思いのまま。

リーフ　フープピアス

リーフ型のスパンコールがラフな雰囲気。
間にスワロフスキーを挟み、輝きをプラス。

作り方 > p.79

a

木の葉 ブレスレット

さりげないワイヤーブレスは、
コーディネートのスパイスに。
ピアスとのセット使いも。

作り方 > p.78

木の葉 フープピアス

スパンコールを木の葉に見立てた、
ゴールドの世界。
揺れるたび、万華鏡のようなきらめき。

作り方 > p.78

Leaf

木の葉 ネックレス

極細チェーンにスパンコールを直に通していくネックレス。
ジュエリーと重ね着けしても。

作り方 > p.79

道具と材料
基本テクニック

p.4〜34 に掲載している
すべてのアクセサリーに共通する、
道具と材料、基本的なテクニックを紹介します。
作り始める前に内容をひと通り確認すると、
失敗なく作ることができます。

基本の材料と道具

アクセサリー作りに欠かせない、材料と道具について紹介します。
一般的な手芸店やビーズショップでそろえられるものばかりです。

[スパンコールについて]

スパンコールは、ドレスやバッグに縫い付けて光を反射させる、装飾用のパーツです。主にプラスチック製で、様々な形や加工のバリエーションがあります。

〈 形 〉

リーフ型・シェル型・星型のように具体的なモチーフもあれば、平丸型・亀甲型・スクエア型のようなシンプルな形のものもあります。スパンコールがブレード状に糸でつながれた「スパングルチェーン」は、本書ではボール作りに使います。

〈 穴の位置 〉

穴が中心にあいているもの、端にあいているもの、両端に2か所あいているものなど。本書では、端にあいているものは「サイドホール」と記載しています。

本書では、Sea Horse Brand とトーホービーズのスパンコールを使用しています。トーホービーズの商品名は「スパングル」ですが、本書内では「スパンコール」と記載しています。

〈 色 〉

向こう側が透けないマットな色のものや、メタリックな色、AB加工されたものなど様々。AB加工のスパンコールは加工された表面と、加工されていない裏面を使い分けてアクセサリーを作りましょう。

AB加工とは？

AB加工（オーロラ加工）は、見る角度によって輝く色合いが変化する遊光加工のこと。AB加工されている面は、うっすら虹色に光ります。

[道具] アクセサリー作りに使用する、基本的な道具です。ヤットコやニッパーは繊細な作業ができる、アクセサリー専用のものを使いましょう。

平ヤットコ
先端の平たいヤットコ。ワイヤーやピンを曲げたり、カンの開閉、つぶし玉の始末などに。

はさみ
テグスのカットや、スパンコールに切れ込みを入れるのに使う。

目打ち
コットンパールやスパンコールの穴を広げたり、細かい部分のテグスの始末に使う。

丸ヤットコ
先端の丸いヤットコ。ピンの先端を丸くしたり、コイル状に巻くときに使う。

グルーガン
スティック状の樹脂を、熱で溶かして接着する道具。モチーフの接着や、スパンコールボールを作るときに。

ビーズトレイ
細かいビーズやスパンコールが制作中に混ざらないよう、種類ごとに分けて入れておくトレイ。

ニッパー
ワイヤーやピン、ダイヤレーンなどの金属をカットするのに使う。

穴あけパンチ
事務用の穴あけパンチで、スパンコールに穴をあけて加工する。1穴パンチがおすすめ。穴径3mm〜6mm程度のものを数種類使う。

ビーズマット
この上で作業すると、ビーズの粒が転がりにくい。毛足が長いためビーズを置くと浮いた状態になり、テグスで簡単にビーズをひろえる。

ピンキングばさみ
切り口がジグザグになるはさみ。スパンコールをカットするのに使う。

定規
テグスやワイヤー、チェーンの長さを測るのに使う。

楊枝
テグスの結び目など、細かい部分に接着剤をぬるのに使う。

接着剤
テグスの仕上げやパーツの接着に使う。ガラス、金属に対応したものがおすすめ。

[装飾、パーツ、金具類]

スパンコール
装飾用のパーツ。薄くて軽いので、ボリュームのあるアクセサリーも軽やかに仕上がる。詳しくはp.36を参照。

デリカビーズ、丸小ビーズ
粒の小さなガラスビーズ。デリカビーズは円筒状、丸小ビーズはやや丸みを帯びている。

パール
表面が人工的にパール加工されたビーズ。芯がクリスタルガラスのスワロフスキー・パール、芯が綿のコットンパール、芯がプラスチックの樹脂パールなどがある。

スワロフスキー・クリスタル
スワロフスキー社製のクリスタルガラスビーズ。穴のあいていないパーツは専用の石座に留めて使う。

服飾パーツ
造花の葉や、ミンクファーボール。ビーズショップや手芸店で手に入る。異素材の組み合わせで新鮮な仕上がりに。

メタルパーツ
アクセサリーのアクセントになる、金属製のデザインパーツ。手芸店やビーズショップで種類豊富にそろう。

ダイヤレーン
連爪またはカップチェーンと呼ばれることもある、ストーンがつながったチェーン。本書ではストーンをカットして1石ずつにして使用。

チェーン
金属のチェーン。1コマの大きなものや、スパンコールやビーズにそのまま通せる細いデザインなどがある。

カン類
パーツの連結に使う。スパンコールやパーツに通す丸カン、ビーズを挟むように留めるAカンなどがある。

ピン類
ビーズやパーツを通し、先端を丸めてパーツにする。石付きやデザインが施されたデザインピンもある。

留め金具
ネックレスやブレスレットの留め金具。引き輪と板カンはセットで使う。磁力で付くマグネットクラスプは、着脱が楽にできる。

U字金具、つぶし玉
ナイロンコートワイヤーの先端の処理に使う。使い方はp.46を参照。

カシメ金具
コードやチェーンの端を処理する金具。金具の左右を、平ヤットコで折り込んで固定する。

ピアス金具
シャワー台や石座のついたもの、ビーズなどを留める芯付き、フープピアスなど、デザインによって使い分ける。

イヤリング金具
左はクリップ式、右はネジバネ式。本書ではシャワー台付きを多用している。

アクセサリー金具
ブレスレット金具、コーム、石座など。簡単に、アクセサリーに加工できるパーツ。

テグス、ワイヤー
合成繊維でできたテグスは、号数が大きくなるほど太い。ワイヤーは真鍮製のアーティスティックワイヤー。ナイロンコートワイヤーは、表面にナイロンがコーティングされたワイヤー。

アクセサリーの基本的な作り方

小花 イヤリングの作り方　[→ p.04]

完成サイズ　モチーフ縦 2.7cm ×横 2.7cm

材料

【a】
スパンコール
（平丸型／サイドホール・10mm・シルバー／メタリック）
[#10/SH Col.40] … 36 枚
ダイヤレーン（#110・3mm・クリスタル／ゴールド）… 6 石
イヤリング金具（シャワー台付き・15mm・シルバー）… 1 セット
テグス（3号・クリア）… 25cm × 6 本
接着剤 … 適宜

【b】
スパンコール
（平丸型／サイドホール・10mm・レッド／メタリック）
[#10/SH Col.39] … 36 枚
ダイヤレーン（#110・3mm・ブラックダイヤ／ゴールド）… 6 石
イヤリング金具（シャワー台付き・15mm・ゴールド）… 1 セット
テグス（3号・クリア）… 25cm × 6 本
接着剤 … 適宜

スパンコールは Sea Horse Brand の商品です。[ ]内はメーカー品番です。

作り方（a、b 共通）

1 3弁花を編みます。スパンコールを6枚用意し、3枚を縦半分に折ります（p.42参照）。ここでは折ったスパンコールと折らないスパンコールの色を替えていますが、実際はすべて同じ色で作ります。

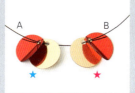

2 折ったスパンコール1枚と折らないスパンコール1枚をセットにして、2セット分をテグスに通します。折ったスパンコールの谷側が表にくるように、通す向きに注意しましょう。

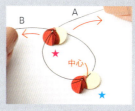

3 ★1セットをテグスAでひろい、スパンコールの穴でテグスを交差させます。1セットがテグスの中心にくるように整えます。

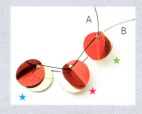

4 ★1セットを通し、3と同じ要領でスパンコールの穴でテグスを交差させ8の字に編みます。このとき、テグスの輪の外側にスパンコールが出るように整えます。

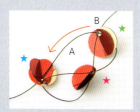

5 テグスAを、最初に通した★1セットに通します。

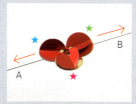

6 テグスの両側をゆっくりと引きながらスパンコールを寄せて、花びらが外側を向くように整えます。3弁花ができました。

7 1〜6と同様にして、3弁花を合計3個（片耳分）作ります。テグスは切らずにおきます。

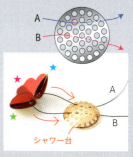

8 シャワー台の指定の穴に3弁花のテグスを通します。

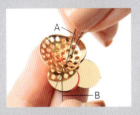
9 テグスAを、テグスBの通っている穴に裏から通します。

10 続けて★1セットのスパンコールの穴にも通します。

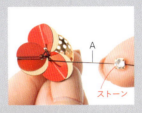
11 ダイヤレーンのストーンを1個ずつにカットし（p.45参照）、ストーン1個をテグスAに通します。

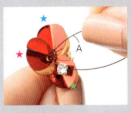
12 テグスAを★1セットの穴と、その下のシャワー台の穴に通します。

13 テグスを左右に、しっかり引きしめます。

14 シャワー台の裏でテグスAとBを合わせて固結びをします。

15 2～3mm残して余分なテグスを切ります。

16 3弁花がシャワー台に1個付きました。

17 右下の図を参照し、⑧～⑮と同じ要領で残り2個の3弁花もシャワー台の指定の位置に付けます。

18 シャワー台の裏でテグスを固結びし、2～3mm残して余分なテグスはカットします。

19 テグスの結び目3か所に接着剤を付けます。

20 平ヤットコで、イヤリング金具の下側のツメ2本を倒します（p.45参照）。

21 ⑲のシャワー台を、モチーフの向きを確認してから⑳で倒した爪にスライドさせるように挟み、イヤリング金具にのせます。

22 平ヤットコで、残りのツメ2本を倒します。

23 片耳分ができました。①～㉒と同様に、もう片耳分も作ります。

シャワー台の穴

● ……1個目を付ける
● ……2個目は1個目の上にのせるように付ける
● ……3個目は1個目と2個目の下にすべり込ませるように付ける

基本のテクニック

スパンコールのアクセサリー作りに必要なテクニックを紹介します。
p.48 からの作り方と合わせて参考にし、ていねいに作りましょう。

〈スパンコールのテクニック〉

〈折る〉

1 立体感を出すために、折って使います。穴を上にして指でつまみ、縦半分に折り目をつけます。

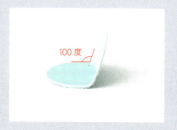

2 角度はお好みですが、直角よりもやや広めの100度くらいになるように折るときれいです。

パンジー ブローチ（p.29）。表の花びらは折って、立体感を出しています。

〈はさみで切る〉

1 桜の花びらの先端は、Ｖ字に切ります。まずはスパンコールを縦半分に折ります。

2 穴のあいていない方に、はさみでＶ字に切れ込みを入れます。

3 切る量や角度はお好みで調整しましょう。

〈ピンキングばさみで切る〉

1 クローバー（p.17）の葉は、ピンキングばさみで縁をジグザグにします。スパンコールの穴の横からはさみの刃を当て、一気に丸く切ります。

2 左右対象に仕上がるように切りましょう。

桜 ピアス（p.25）。花びらの先端をカットして、桜らしい形にアレンジ。

〈穴をあける〉

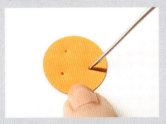
1 穴をあけたい場所に、目打ちで印を付けます。

2 穴あけパンチの裏側を見ながら、印の位置に穴をあけます。

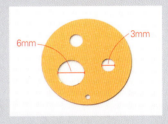
3 穴あけパンチのサイズを使い分けて、好みの穴をあけましょう。

〈スパンコールボールを作る〉

1 グルーガンでコットンパールにスパングルチェーンを貼り付けていきます。まずはコットンパールの穴のすぐ際に、グルーガンをスパンコール2枚分ほどぬります。

2 指定の長さにカットしたスパングルチェーンの端を貼り付けます。

3 パールをひっくり返し、スパングルチェーンの裏にグルーガンを3cm分ほどぬります。

4 コットンパールの穴を避けて、グルーガンが固まらないうちに手早く、スパングルチェーンをコットンパールにぐるぐると貼り付けていきます。

5 前に貼り付けた部分に、2mm重ねて貼っていくと仕上がりがきれいです。

6 巻き終わりが近づいたら、余分なスパングルチェーンをはさみでカットします。

7 コットンパールの穴を避けて、グルーガンで最後までスパングルチェーンを貼り付けます。

8 スパンコールボールができあがりました。

チェリー イヤリング（p.27）。スパンコールボールの実がインパクト大。

アクセサリーのテクニック

〈丸カンを開閉する〉

① 丸カンの切れ目が上になるように、平ヤットコ2本（なければ丸ヤットコと平ヤットコでもよい）でつかみます。

② 平ヤットコを前後にずらすように動かして、丸カンの輪を開きます。

③ チェーンやパーツを通し、開いたときとは逆に前後に動かし、輪を閉じます。

丸カンは写真のように左右に開いたり、ゆがまないように注意しましょう。

※無理に開くと金属が摩耗して切れる原因になります。

〈Tピンを丸める〉

① ビーズ（パール）の穴にTピンを通します。

② ピンを平ヤットコか指で、ビーズの際で直角に曲げます。

③ 曲げた部分から7mmほど残して、ニッパーでカットします。

④ 手首を返して手の平を上に向け、丸ヤットコでピンの先端を挟みます。

⑤ 返した手首を戻すように回し、ピンを一気に丸めます。

⑥ しっかりと輪が閉じるように整えましょう。

丸めた輪が開いていたり、ゆがんでいると仕上がりがきれいではありません。

〈ダイヤレーンをカットする〉

1 ダイヤレーンの端のコマから出ている金属のバーを、ニッパーの刃をストーンの際に当ててカットします。

2 ニッパーをひっくり返し、ストーンの反対側の際に刃を当ててカットします。

3 ストーンが1個カットできました。

〈シャワー台に取り付ける〉

1 シャワー金具の皿に付いているツメの、下側の2本を平ヤットコで倒します。

2 シャワー台を上からスライドさせて、倒したツメにはめ込みます。

3 上側の2本のツメを平ヤットコで倒します。

4 シャワー台が金具に取り付けられました。

〈石座に留める〉

1 スワロフスキー・クリスタルの粒を、石座に置きます。

2 右手前のツメを平ヤットコで倒します。

3 2の対角にあるツメを平ヤットコで倒します。

4 残りの2本も3、4の順番で倒します。

〈U字金具を処理する〉

1 ナイロンコートワイヤーの端から5cmのところに、つぶし玉、U字金具の順に通し、つぶし玉を逆からひろいます。

2 ナイロンコートワイヤーをしっかり引きしめ、U字金具の際で、平ヤットコを使ってつぶし玉をつぶします。

3 U字金具と平行になるようにつぶすと、きれいに仕上がります。

4 ナイロンコートワイヤーにビーズを通します。5cm残したナイロンコートワイヤーもビーズの穴に隠れるように一緒に通します。

〈カシメ金具を処理する〉

1 チェーンの端をカシメ金具に挟み、カンの根元にそろえます。

2 平ヤットコでカシメ金具の片側を、内側に折ります。

3 反対側も平ヤットコで内側に折り、最後に全体をしっかりおさえます。

4 チェーンにカシメ金具が付けられました。

〈ピン（ワイヤー）をコイル状に巻く〉

1 シャワー台に差し込んだピン（ワイヤー）を、1cm残してニッパーでカットします。

2 ピン（ワイヤー）の先端を丸ヤットコで挟み、シャワー台の穴に向かってくるくると巻いていきます。

3 巻き終えたところ。シャワー台の深さよりもコイルが高い場合は、平ヤットコでコイルを横に倒してから、シャワー台を金具に取り付けます。

HOW TO MAKE

掲載作品の作り方

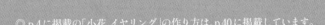

p.4〜34に掲載している
すべてのアクセサリーの作り方を紹介します。
材料、作り方に一通り目を通し、
必要な材料はすべてそろえてから作り始めましょう。

◎p.4に掲載の「小花 イヤリング」の作り方は、p.40に掲載しています。

◎材料、道具、基本テクニックはp.36〜46を参照してください。

◎同じ材料でも、名称の表記が取り扱い店舗によって異なる場合があります。

◎本書で使用したスパンコールのメーカーは、材料表の最後に記載しています。
「Sea Horse Brand」は大伍貿易株式会社の商品です。各メーカーの問い合わせ先はp.80をご覧ください。スパンコールは手芸店やビーズショップで購入できます。

◎スパンコール以外の材料は、一般的に手に入りやすいものばかりです。手芸店やビーズショップで購入できます。

小花 ピアス ［→ p.04］

完成サイズ　モチーフ縦 2.7cm × 横 2cm

材料

【a】
スパンコール
　（平丸型／サイドホール・10mm・シルバー／メタリック）
　［#10/SH Col.40］… 32 枚
スワロフスキー・パール
　A（#5810・3mm・ホワイト）… 2 個
　B（#5810・4mm・ホワイト）… 2 個
ピアス金具（シャワー台付き・15mm・シルバー）… 1 セット
テグス（3号・クリア）… 25cm × 4 本
接着剤 … 適宜

【b】
スパンコール
　（平丸型／サイドホール・10mm・ライトブルー／
　メタリックアイリス）［#10/SH Col.45］… 32 枚
スワロフスキー・パール
　A（#5810・3mm・ホワイト）… 2 個
　B（#5810・4mm・ホワイト）… 2 個
ピアス金具（シャワー台付き・15mm・シルバー）… 1 セット
テグス（3号・クリア）… 25cm × 4 本
接着剤 … 適宜

スパンコールは Sea Horse Brand の商品です。［ ］内はメーカー品番です。

小花の作り方

【3弁花の作り方】

① スパンコールを6枚用意し、3枚を縦半分に折る。テグス 25 cmの中心にスパンコール1枚と折ったスパンコール1枚をセットにし、3セット分を8の字に通して編む。

② ☆のテグスを最初に通した★のスパンコール2枚に通す。
※このとき、スパンコールの向きがそろって、テグスの輪の外側に向いていることを確認する。

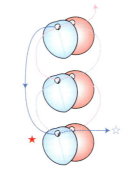

③ テグスの両側をゆっくりと引きながらスパンコールを寄せて、花びらが外を向くように形を整える。

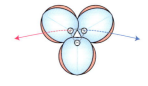

④ テグスの両端の長さが同じになるようにする。
※余ったテグスはカットしない。

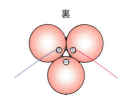

【5弁花の作り方】

① スパンコールを10枚用意し、5枚を縦半分に折る。
3弁花の作り方を参照し、テグス 25 cmにスパンコール1枚と折ったスパンコールをセットにし、5セット分を図のように通す。

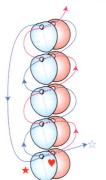

② テグスをゆっくり引きしめて、形を整える。
※余ったテグスはカットしない。

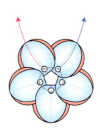

作り方（a、b共通）

① 3弁花を2個、5弁花を2個作る。
② シャワー台の穴に5弁花を1個、スワロフスキー・パールBを通し固定する。

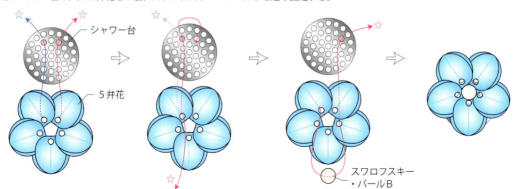

5弁花のテグスをシャワー台の穴に通す。

☆のテグスを★のテグスが通っているシャワー台の穴、スパンコールの穴に通し、表に出す。

★のテグスにスワロフスキー・パールBを通し、テグスをスパンコールの穴とシャワー台の穴に通す。

テグスを引っ張りながら5弁花とスワロフスキー・パールBの位置を整える。シャワー台の裏側でテグスを固結びし、余分をカットする。

③ ②のシャワー台に3弁花を1個、スワロフスキー・パールAを通し、固定する。
※②で固定した5弁花は省略しています。

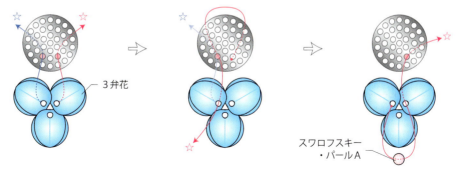

3弁花のテグスをシャワー台の穴に通す。②で固定した5弁花の下にすべり込ませるように配置する。

☆のテグスを★のテグスが通っているシャワー台の穴、スパンコールの穴に通し、表に出す。

★のテグスにスワロフスキー・パールAを通し、テグスをスパンコールの穴とシャワー台の穴に通す。シャワー台の裏側でテグスを固結びし、余分をカットする。

④ もう片方も②③と同様に作り、テグスの結び目に接着剤を付ける。
シャワー台をピアス金具にのせ、ツメを倒す。

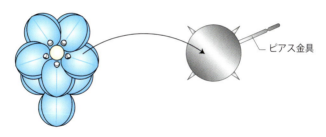

小花と雫 イヤリング [→ p.05]

完成サイズ モチーフ縦4cm×横2cm

材料

【a】

スパンコール
（平丸型／サイドホール・10mm・ホワイト／不透明アイリス）
[#10/SH Col.21] … 20枚
スワロフスキー・クリスタル（#6106・22mm・クリスタル）
… 2個
ダイヤレーン（#130・4mm・フィッシャー／ゴールド）
… 2石
Aカン（6mm・ゴールド）… 2個
イヤリング金具（シャワー台付き・15mm・ゴールド）… 1セット
テグス（3号・クリア）… 25cm×2本、15cm×2本
接着剤 … 適宜

【b】

スパンコール
（平丸型／サイドホール・10mm・ターコイズ／不透明アイリス）
[#10/SH Col.23] … 20枚
スワロフスキー・クリスタル
（#6106・22mm・クリスタルアンティークピンク）… 2個
ダイヤレーン（#130・4mm・イエロー／シルバー）… 2石
Aカン（6mm・ゴールド）… 2個
イヤリング金具（シャワー台付き・15mm・ゴールド）… 1セット
テグス（3号・クリア）… 25cm×2本、15cm×2本
接着剤 … 適宜

【c】

スパンコール
（平丸型／サイドホール・10mm・グリーン／不透明アイリス）
[#10/SH Col.24] … 20枚
スワロフスキー・クリスタル
（#6106・22mm・クリスタルシルバーシェード）… 2個

ダイヤレーン（#130・4mm・パープル／ゴールド）… 2石
Aカン（6mm・ゴールド）…… 2個
イヤリング金具（シャワー台付き・15mm・ゴールド）… 1セット
テグス（3号・クリア）… 25cm×2本、15cm×2本
接着剤 …… 適宜

スパンコールはSea Horse Brandの商品です。[ ] 内はメーカー品番です。

作り方（a、b、c共通）

① テグス25cmで5弁花を2個作る（p.48参照）。

② ダイヤレーンのバーをニッパーでカットし（p.45参照）、ストーンを2個作る。
際でカット
ストーン
ダイヤレーン

③ シャワー台の穴に5弁花1個、ストーン1個を通し、固定する。

シャワー台
5弁花

5弁花のテグスをシャワー台の穴に通す。

☆のテグスを☆のテグスが通っているシャワー台の穴とスパンコールの穴に通し、表に出す。

ストーン

☆のテグスにストーンを通し、テグスをスパンコールの穴からシャワー台の穴に通す。

テグスを引っ張りながら5弁花とストーンの位置を整える。シャワー台の裏側でテグスを固結びし、余分をカットする。

④ スワロフスキーの穴にAカンを付ける。テグス15cmで③のシャワー台に付ける。

Aカン
スワロフスキー

スワロフスキーにAカンを付ける。

Aカンの隙間にテグス15cmの中心を通し、シャワー台の穴に通す。
※図は③の5弁花を省略している。

♥＝テグス15cmの中心からスタート

もう一度同じ穴に通し、シャワー台の裏で固結びし、余分をカットする。

⑤ もう片方も③④の工程で作り、テグスの結び目に接着剤を付ける。シャワー台をイヤリング金具にのせ、ツメを倒す。

イヤリング金具

小花 カチューシャ　[→ p.06-07]

完成サイズ　モチーフ（大）縦2cm×横2cm、
モチーフ（小）縦1.8cm×横2cm、
カチューシャ横幅12cm

材料

スパンコール（平丸型／サイドホール・10mm・シルバー／メタリック）
　[#10/SH Col.40] … 128枚
スワロフスキー・パール（#5810・3mm・ホワイト）… 8個
ダイヤレーン（#110・3mm・クリスタル／ゴールド）… 8石
カチューシャ（幅4mm／横120mm・ブラック）… 1個
テグス（3号・クリア）… 25cm × 16本
グルーガン … 適宜

スパンコールは Sea Horse Brand の商品です。[ ]内はメーカー品番です。

作り方

① ダイヤレーンのバーをニッパーでカットし（p.45参照）、ストーンを8個作る。

② テグス25cmで5弁花を作り（p.48参照）、中心に①のストーンを付ける。
全部で8個の5弁花を作る。

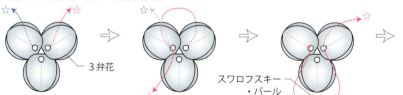

③ テグス25cmで3弁花を作り（p.48参照）、中心にスワロフスキー・パール
を付ける。全部で8個の3弁花を作る。

④ グルーガンで5弁花、3弁花を下図の並び順でカチューシャに貼る。

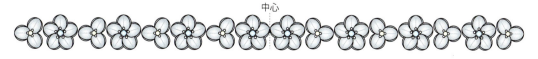

小花 ネックレス [→ p.07]

完成サイズ モチーフ縦 2.7cm × 横 2cm、ネックレス首周り 39cm

材料

スパンコール
　（平丸型／サイドホール・10mm・ゴールド／メタリック）
　[#10/SH Col.41] … 32 枚
ダイヤレーン
　A（#110・3mm・クリスタル／ゴールド）… 2 石
　B（#130・4mm・クリスタル／ゴールド）… 2 石
コットンパール（ラウンド・12mm・ホワイト）… 27 個
ペンダント金具（シャワー台／2カン付き・15mm・ゴールド）
　… 2 個

U字金具（4×5mm・ゴールド）… 2 個
つぶし玉（2mm・ゴールド）… 2 個
マグネットクラスプ（ゴールド）… 1 個
丸カン（1.0×5mm・ゴールド）… 2 個
テグス（3号・クリア）… 25cm × 4 本
ナイロンコートワイヤー（0.36mm・ゴールド）… 60cm × 1 本
接着剤 … 少々

スパンコールは Sea Horse Brand の商品です。[ ]内はメーカー品番です。

作り方

① テグス 25cm で 3 弁花を 2 個、5 弁花を 2 個作る（p.48 参照）。

② ダイヤレーン A と B のバーをニッパーでカットし（p.48 参照）、ストーン A、B をそれぞれ 2 個ずつ作る。

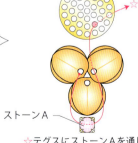

③ シャワー台の穴に 5 弁花 1 個、ストーン B 1 個を通し固定する。

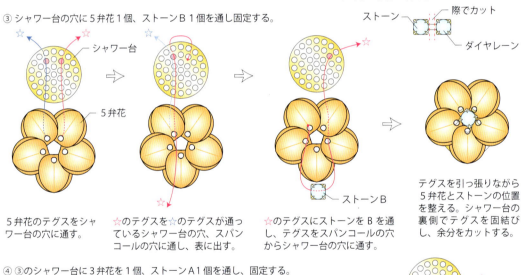

④ ③のシャワー台に 3 弁花を 1 個、ストーン A 1 個を通し、固定する。

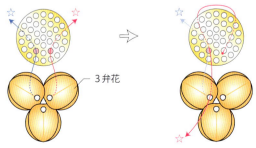

⑤ もう1個も③④と同様に作り、テグスの結び目に接着剤を付ける。
シャワー台をシャワーペンダント金具にのせ、ツメを倒す。

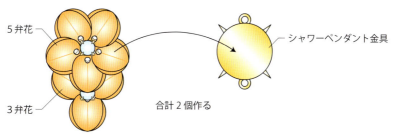

⑥ ナイロンコートワイヤー60cmにコットンパールを27個通す。

⑧ シャワーペンダント金具に丸カンでマグネットクラスプをつなぐ。

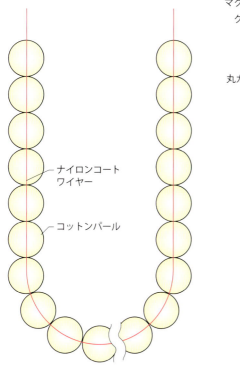

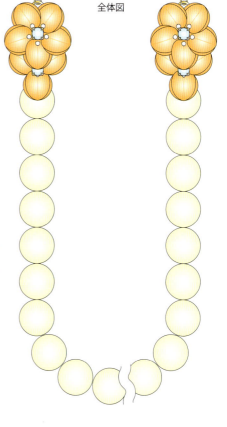

全体図

⑦ ⑥の片側のナイロンコートワイヤーにつぶし玉1個、U字金具1個を通し、シャワーペンダントのカン部分にU字金具をひっかける。ナイロンコートワイヤーをつぶし玉とコットンパール2個に通し戻し、つぶし玉をつぶして余分なナイロンコートワイヤーをカットする。反対側も同様にU字金具でシャワーペンダント金具につなぐ。

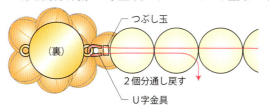

ダリア イヤリング [→ p.08-09]

完成サイズ　モチーフ縦 4.5cm ×横 4.5cm

材料

【a】
スパンコール
　A（平丸型／サイドホール・10mm・ブラック／不透明）
　　［#10/SH Col.42］… 10 枚
　B（平丸型／サイドホール・20mm・ブラック／不透明）
　　［#20/SH Col.42］… 20 枚
スワロフスキー・クリスタル（#1088・SS29・クリスタル）… 2 個
石座（#1088 用・SS29・ゴールド）… 2 個
デリカビーズ（ブラック・DB-10）… 20 個
イヤリング金具（シャワー台付き・15mm・ゴールド）… 1 セット
テグス（3 号・クリア）… 30cm × 2 本、15cm × 2 本
接着剤 … 適宜

スパンコールは Sea Horse Brand の商品です。［　］内はメーカー品番です。

【b】
スパンコール
　A（平丸型／サイドホール・10mm・レッド／メタリック）
　　［#10/SH Col.39］… 10 枚
　B（平丸型／サイドホール・20mm・レッド／メタリック）
　　［#20/SH Col.39］… 20 枚
スワロフスキー・クリスタル（#1088・SS29・ライトターコイズ）
　… 2 個
石座（#1088 用・SS29・ゴールド）… 2 個
デリカビーズ（レッド・DB-602）… 20 個
イヤリング金具（シャワー台付き・15mm・ゴールド）… 1 セット
テグス（3 号・クリア）… 30cm × 2 本、15cm × 2 本
接着剤 … 適宜

作り方（a、b 共通）

① テグス 30 ㎝の端を 5cm 残し、シャワー台の中心から表に出す。
図の順に通す。最後に始めのテグスとシャワー台の裏で固結びし、余分をカットする。

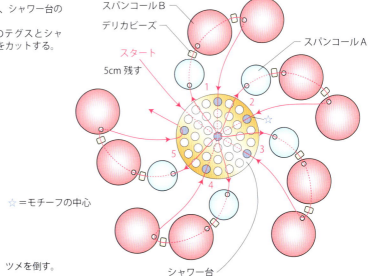

☆＝モチーフの中心

② スワロフスキーを石座にはめ、ツメを倒す。

③ テグス 15 ㎝で①のモチーフの中心に②を付け、シャワー台の裏でテグスを固結びし、余分をカットする。※図は①のモチーフを省略している。

④ もう片方も①〜③と同様に作り、すべてのテグスの結び目に接着剤を付ける。

⑤ モチーフの中心を真上にし、シャワー台をイヤリング金具にのせ、ツメを倒す。

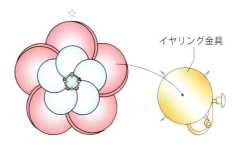

ダリア ブローチ ［→ p.09］

完成サイズ モチーフ縦 4.5cm×横 4.5cm

材料

スパンコール
A（平丸型／サイドホール・10mm・ホワイト／不透明アイリス）
　［#10/SH Col.21］… 5 枚
B（平丸型／サイドホール・20mm・ホワイト／不透明アイリス）
　［#20/SH Col.21］… 5 枚
C（平丸型／サイドホール・20mm・クリア／透明アイリス）
　［#20/SH Col.11］… 5 枚

スワロフスキー・クリスタル（#1088・SS29・イエローオパール）
　… 1 個
石座（#1088用・SS29・ゴールド）… 1 個
デリカビーズ（ホワイト・DB-201）… 10 個
ブローチ金具（シャワー台付き・15mm・ゴールド）… 1 個
テグス（3号・クリア）… 30cm×1本、15cm×1本
接着剤 … 適宜

スパンコールは Sea Horse Brand の商品です。［ ］内はメーカー品番です。

作り方

① スパンコールBに穴あけパンチで穴をあける。合計5枚作る。

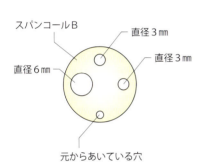

② テグス 30cmの端を 5cm 残して、シャワー台の中心から表に出す。図の順に通す。最後に始めのテグスとシャワー台の裏で固結びし、余分をカットする。

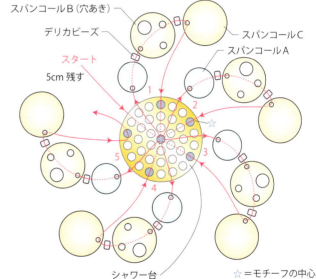

③ スワロフスキーを石座にはめ、ツメを倒す。

④ テグス 15cmで②のモチーフの中心に③を付け、シャワー台の裏でテグスを固結びし、余分をカットする。テグスの結び目に接着剤を付ける。※図は②のモチーフを省略している。

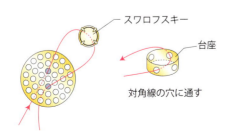

⑤ モチーフの中心を真上にし、シャワー台にのせ、ツメを倒す。

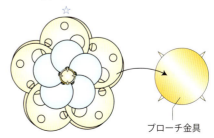

ダリアとリーフ イヤリング [→ p.10]

完成サイズ　モチーフ縦 2cm×横 3cm

材料

【a】
スパンコール
　A（平丸型・10mm・オレンジ／メタリック）
　　［#10/CH Col.56］… 32 枚
　B（リーフ型・グリーン／メタリック）［リーフミックス］… 2 枚
デリカビーズ（レッド・DB-295）… 22 個
イヤリング金具（シャワー台付き・15mm・ゴールド）… 1 セット
テグス（3号・クリア）… 30cm × 2 本
アーティスティックワイヤー
　（#28／約 0.3mm・ノンターニッシュブラス）… 5cm × 2 本
接着剤 … 適宜

【b】
スパンコール
　A（平丸型・10mm・ルビー／メタリック）
　　［#10/CH Col.37］…… 32 枚
　B（リーフ型・グリーン／メタリック）［リーフミックス］… 2 枚
デリカビーズ（パープル・DB-243）… 22 個
イヤリング金具（シャワー台付き・15mm・ゴールド）… 1 セット
テグス（3号・クリア）… 30cm × 2 本
アーティスティックワイヤー
　（#28／約 0.3mm・ノンターニッシュブラス）… 5cm × 2 本
接着剤 … 適宜

スパンコール A は Sea Horse Brand、スパンコール B はトーホービーズの商品です。［　］内はメーカー品番・品名です。

作り方（a、b 共通）

① テグス 30cm の端を 5cm 残し、シャワー台の中心から表に出す。図の順に通す。最後に始めのテグスとシャワー台の裏で固結びし、余分なテグスをカットする。

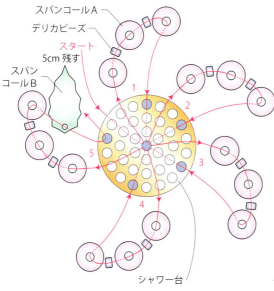

② ワイヤー 5cm を 2 つに折り曲げる。曲げた部分にデリカビーズとスパンコール A を通す。

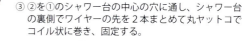

③ ②を①のシャワー台の中心の穴に通し、シャワー台の裏側でワイヤーの先を 2 本まとめて丸ヤットコでコイル状に巻き、固定する。

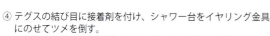

④ テグスの結び目に接着剤を付け、シャワー台をイヤリング金具にのせてツメを倒す。
もう片方も①～③と同様に作り、葉の向きが左右対称になるようにシャワー台をイヤリング金具にのせて、ツメを倒す。

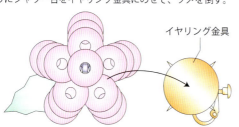
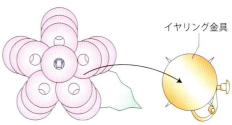

ダリアとファー バックキャッチピアス

[→ p.11]

完成サイズ モチーフ縦2cm×横2cm、ファー部分直径3cm

材料

【a】

スパンコール（亀甲型・8mm・ホワイト／不透明）[No.511]
　… 32枚
ミンクボール（カン付き・30mm・ホワイト）… 2個
デリカビーズ（ホワイト・DB-201）… 20個
デザインピン
　（ラインストーン付き・0.6×30mm・クリスタル／ゴールド）
　… 2本
ピアス金具（シャワー台付き・15mm・シルバー）… 1セット
テグス（3号・クリア）… 30cm×2本
接着剤 … 適宜

【b】

スパンコール（亀甲型・8mm・ガンメタ／メタリック）
　[No.707] … 32枚
ミンクボール（カン付き・30mm・グレー）… 2個
デリカビーズ（パープル・DB-243）… 20個
デザインピン（ラインストーン付き・0.6×30mm・クリスタル／
　ゴールド）… 2本
ピアス金具（シャワー台付き・15mm・シルバー）… 1セット
テグス（3号・クリア）… 30cm×2本
接着剤 … 適宜

スパンコールはトーホービーズの商品です。[ ]内はカラー番号です。

作り方（a、b共通）

① テグス30cmの端を5cm残して、シャワー台の中心から表に出す。図の順に通す。最後に始めのテグスとシャワー台の裏で固結びし、余分なテグスをカットする。

② デザインピンの先を1.5cmになるようにニッパーでカットし、スパンコールを通す。

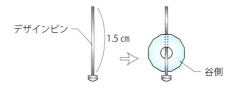

③ ②を①のシャワー台の中心の穴に通し、シャワー台の裏でデザインピンの先を丸ヤットコでコイル状に巻き、固定する。

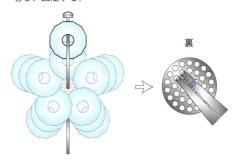

④ ミンクボールに付いているCカンを開き、ピアスキャッチに付けて閉じる。

⑤ もう片方も①〜④と同様に作る。テグスの結び目に接着剤を付け、シャワー台をピアス金具にのせ、ツメを倒す。ミンクボール付きのキャッチとセットで使う。

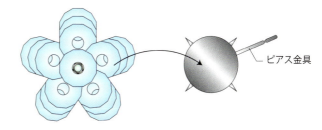

バタフライ イヤリング ［→ p.12］

完成サイズ　モチーフ縦 3.8cm ×横 3.8cm

材料

【a】
スパンコール
　A（平丸型／サイドホール・10mm・シルバー／メタリック）
　　［#10/SH Col.40］…8 枚
　B（平丸型／サイドホール・20mm・シルバー／メタリック）
　　［#20/SH Col.40］…4 枚
　C（平丸型／サイドホール・20mm・クリア／透明アイリス）
　　［#20/SH Col.11］…4 枚
デザインピン（ラインストーン付き・0.4 × 40mm・クリスタル／
　　ゴールド）…4 本
メタルパーツ（曲パイプ マット・1.3 × 20mm・ゴールド）…2 個
イヤリング金具（シャワー台付き・15mm・シルバー）…1 セット
テグス（3号・クリア）……25cm × 4 本
アーティスティックワイヤー
　（#24 ／約 0.5mm・ノンターニッシュプラス）…10cm × 4 本
接着剤 … 適宜

【b】
スパンコール
　A（平丸型／サイドホール・10mm・ゴールド／メタリック）
　　［#10/SH Col.41］…8 枚
　B（平丸型／サイドホール・20mm・ゴールド／メタリック）
　　［#20/SH Col.41］…4 枚
　C（平丸型／サイドホール・20mm・イエロー／透明アイリス）
　　［#20/SH Col.17］…4 枚
デザインピン（ラインストーン付き・0.4 × 40mm・クリスタル／
　　ゴールド）…4 本
メタルパーツ（曲パイプ マット・1.3 × 20mm・シルバー）…2 個
イヤリング金具（シャワー台付き・15mm・ゴールド）…1 セット
テグス（3号・クリア）…25cm × 4 本
アーティスティックワイヤー
　（#24 ／約 0.5mm・ノンターニッシュプラス）…10cm × 4 本
接着剤 … 適宜

スパンコールは Sea Horse Brand の商品です。［ ］内はメーカー品番です。

作り方（a、b 共通）

① スパンコールBに穴あけパンチで穴をあける。合計4枚作る。

② ①とスパンコールCとスパンコールAを縦半分に折る。

③ テグス 25cmで②のスパンコールを8の字に通して図のように編む。

④ シャワー台に③Aのテグスを通し、裏でテグスを固結びし、余分をカットする。反対側も同様にしてBをシャワー台に付ける。

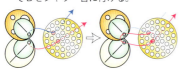

⑤ デザインピンを④のスパンコールの穴からシャワー台の穴に通し、シャワー台の裏側で、丸ヤットコで先をコイル状に巻く。

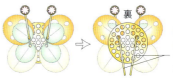

ピンの先の長さが 1cmになるようにカットし、コイル状に巻く

⑥ ワイヤー 10cm 2本を図のようにメタルパーツに通す。

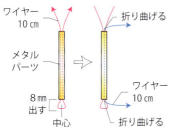

⑦ ⑥のワイヤーをシャワー台の穴に通し裏でねじり合わせてとめ、余分をカットする。メタルパーツの先から出ているワイヤーを 1cm 残してカットする。

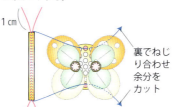

⑧ テグスの結び目に接着剤を付ける。シャワー台をイヤリング金具にのせて、ツメを倒す。もう片方も③～⑧と同様に作る。

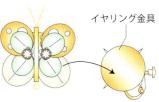

ミニバタフライ ピアス ［→p.13］

完成サイズ　モチーフ縦 1.8cm×横 2cm

材料

【a】
スパンコール
　A（平丸型／サイドホール・10mm・レッド／メタリック）
　　［#10/SH Col.39］… 4枚
　B（平丸型／サイドホール・10mm・オールドローズ／メタリック）
　　［#10/SH Col.31］… 4枚
デザインピン（ラインストーン付き・0.4×40mm・クリスタル／
　　ゴールド）… 4本
メタルパーツ（パイプ・1.5×1.8mm・ゴールド）……2個
ピアス金具（シャワー台付き・8mm・ゴールド）……1セット
テグス（3号・クリア）……20cm×6本
接着剤……適宜

【b】
スパンコール
　A（平丸型／サイドホール・10mm・パープル／メタリック）
　　［#10/SH Col.38］… 4枚
　B（平丸型／サイドホール・10mm・オレンジ／メタリック）
　　［#10/SH Col.56］… 4枚
デザインピン（ラインストーン付き・0.4×40mm・クリスタル／
　　ゴールド）……4本
メタルパーツ（パイプ・1.5×1.8mm・ゴールド）……2個
ピアス金具（シャワー台付き・8mm・ゴールド）……1セット
テグス（3号・クリア）……20cm×6本
接着剤……適宜

【c】
スパンコール
　A（平丸型／サイドホール・10mm・ゴールド／メタリック）
　　［#10/SH Col.41］… 4枚
　B（平丸型／サイドホール・10mm・シルバー／メタリック）
　　［#10/SH Col.40］……4枚
デザインピン（ラインストーン付き・0.4×40mm・クリスタル／
　　ゴールド）……4本
メタルパーツ（パイプ・1.5×1.8mm・ゴールド）……2個
ピアス金具（シャワー台付き・8mm・ゴールド）……1セット
テグス（3号・クリア）……20cm×6本
接着剤……適宜

スパンコールは Sea Horse Brand の商品です。［ ］内はメーカー品番です。

作り方（a、b 共通）

① スパンコールA 4枚、B 4枚を縦半分に折る。

② テグス 20cmでシャワー台にメタルパーツを付け、シャワー台の裏側でテグスを固結びし、余分をカットする。合計2個作る。

③ テグス 20cmをそれぞれ使用してバタフライの羽部分を作る。
♥＝テグス 20cmの中心からスタート

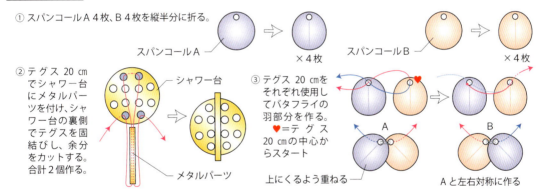

④ ②のシャワー台にそれぞれのテグスを下図のように通し、シャワー台の裏側でテグスを固結びし、余分をカットする。

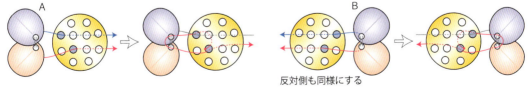

⑤ デザインピンを④のスパンコールAの穴からシャワー台の穴に通し、シャワー台の裏側で、丸ヤットコで先をコイル状に巻く。

⑥ テグスの結び目に接着剤を付ける。シャワー台をピアス金具にのせ、ツメを倒す。もう片方も③～⑥と同様に作る。

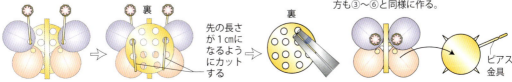

バタフライ ブローチ ［→ p.14］

完成サイズ　モチーフ縦 3.8cm ×横 3.8cm

材料

【a】

スパンコール
　A（平丸型／サイドホール・10mm・ライトブルー／メタリック）
　　［#10/SH Col.45］… 4 枚
　B（平丸型／サイドホール・20mm・ブラック／不透明）
　　［#20/SH Col.42］… 4 枚
デザインピン（ラインストーン付き・0.4 × 40mm・クリスタル／
　シルバー）… 2 本
メタルパーツ（曲パイプ マット・1.3 × 20mm・シルバー）… 1 個
ブローチ金具（シャワー台付き・15mm・シルバー）… 1 個
テグス（3 号・クリア）… 25cm × 2 本
アーティスティックワイヤー
　（#24 ／約 0.5mm・ノンターニッシュシルバー）… 10cm × 2 本
接着剤 … 適宜

【b】

スパンコール
　A（平丸型／サイドホール・10mm・ゴールド／メタリック）
　　［#10/SH Col.41］… 4 枚
　B（平丸型／サイドホール・20mm・ホワイト／不透明アイリス）
　　［#20/SH Col.21］… 4 枚
デザインピン（ラインストーン付き・0.4 × 40mm・クリスタル／
　ゴールド）… 2 本
メタルパーツ（曲パイプ マット・1.3 × 20mm・ゴールド）… 1 個
ブローチ金具（シャワー台付き・15mm・ゴールド）… 1 個
テグス（3 号・クリア）… 25cm × 2 本
アーティスティックワイヤー
　（#24 ／約 0.5mm・ノンターニッシュブラス）… 10cm × 2 本
接着剤 … 適宜

スパンコールは Sea Horse Brand の商品です。［ ］内はメーカー品番です。

作り方（a、b 共通）

① スパンコール A とスパンコール B を縦半分に折る。各 4 枚作る。

② テグス 25 ㎝で①のスパンコールを 8 の字に通して図のように編む。

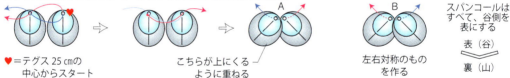

③ シャワー台に②A のテグスを通し、裏でテグスを固結びし、余分をカットする。反対側も同様にして B をシャワー台に付ける。

④ デザインピンを③のスパンコールの穴からシャワー台の穴に通し、シャワー台の裏側で、丸ヤットコで先をコイル状に丸める。

ピンの先の長さが 1 ㎝になるようにカットし、コイル状に巻く

⑤ ワイヤー 10 ㎝ 2 本を図のようにメタルパーツに通す。

⑥ ⑤のワイヤーをシャワー台の穴に通し裏でねじり合わせてとめ、余分をカットする。メタルパーツの先から出ているワイヤーを 1 ㎝残してカットする。

⑦ テグスの結び目に接着剤を付ける。シャワー台をブローチ金具にのせ、ツメを倒す。

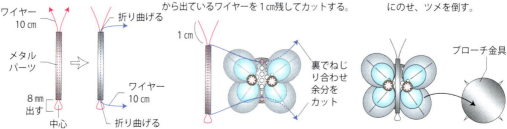

紫陽花 ブローチ ［→ p.15］

完成サイズ 　モチーフ縦 3.5cm × 横 5.5cm

材料

【a】
スパンコール（スクエア型・6mm・ホワイト／不透明アイリス）
　［ウォッシャブルスパングル No.19］… 72 枚
デリカビーズ（ホワイト・DB-201）… 48 個
造花（バラリーフ・グリーン）…… 1 個
ブローチ金具（シャワー台付き・30mm・シルバー）… 1 個
テグス（3号・クリア）… 25cm × 5本、30cm × 1本
接着剤 … 適宜

【b】
スパンコール（スクエア型・6mm・パープル／メタリック）
　［ウォッシャブルスパングル No.7］… 72 枚
デリカビーズ（パープル・DB-243）… 48 個
造花（バラリーフ・グリーン）… 1 個
ブローチ金具（シャワー台付き・30mm・シルバー）… 1 個
テグス（3号・クリア）… 25cm × 5本、30cm × 1本
接着剤 … 適宜

スパンコールはトーホービーズの商品です。[ ]内は品名・カラー番号です。

作り方（a、b共通）

① シャワー台の穴にテグス（1か所につき 25 cm）でスパンコール、デリカビーズを通し、①～⑤の5か所に花モチーフを付ける。シャワー台の裏でテグスを固結びし、余分をカットする。

② テグス 30 cmの端を 5cm 残し、①のシャワー台にスパンコール、デリカビーズを付ける。シャワー台の裏でテグスを固結びし、余分をカットする。すべての結び目に接着剤を付ける。※①で固定したモチーフは省略している。

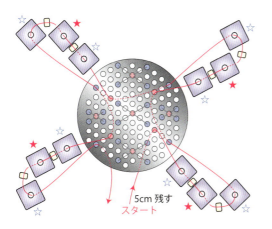

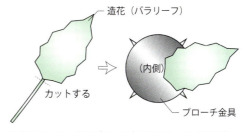

③ 造花に付いているワイヤーをカットし、葉の裏側に接着剤を付け、ブローチ金具の内側に貼る。

④ ②のシャワー台をブローチ金具にのせ、ツメを倒す。

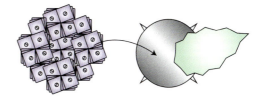

クローバー ピアス [→ p.16-17]

完成サイズ　モチーフ縦6cm×横4cm

材料

スパンコール
　A（平丸型／サイドホール・20mm・シルバー／メタリック）
　　[#20/SH Col.40] … 6枚
　B（平丸型／サイドホール・20mm・ゴールド／メタリック）
　　[#20/SH Col.41] … 2枚
ダイヤレーン（#130・4mm・クリスタル／ゴールド）… 2石

メタルプレート（カーブ・9×8mm・ゴールド）… 6個
メタルバー（ウェーブ・40mm／線径1mm・ゴールド）… 2個
ピアス金具（シャワー台付き・15mm・ゴールド）…… 1セット
テグス（3号・クリア）…… 25cm×4本
接着剤…… 適宜

スパンコールは Sea Horse Brand の商品です。[　] 内はメーカー品番です。

作り方

① スパンコールBの周りをピンキングばさみでギザギザにカットする。

② ①とスパンコールAを縦半分に折る。

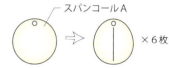

③ テグス 25cmでスパンコールを8の字に通して図のように編む。※余ったテグスはカットしない。

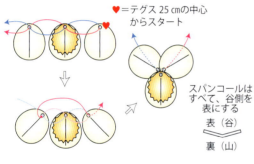

④ ダイヤレーンのバーをニッパーでカットし、ストーンを1個作る。テグス25cmでメタルプレートを8の字に通し、ストーンを付ける。※余ったテグスはカットしない。

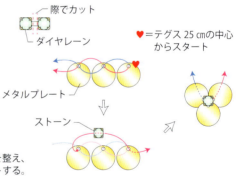

⑤ シャワー台に③④のテグスを図のように通す。モチーフの形を整え、シャワー台の裏でそれぞれのテグスを固結びして、余分をカットする。もう片側も③〜⑤と同様に作り、テグスの結び目に接着剤を付ける。

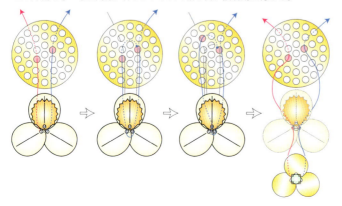

⑥ ⑤をピアス金具にのせ、ツメを倒す。ピアスポストにメタルバーを通す。

クローバー ブローチ [→ p.17]

完成サイズ　モチーフ縦6cm×横4cm

材料

【a】
スパンコール
　A（平丸型／サイドホール・20mm・ブラック／不透明）
　　[#20/SH Col.42] … 3枚
　B（平丸型／サイドホール・20mm・ヘマタイト／メタリック）
　　[#20/SH Col.P250] … 1枚
ダイヤレーン（#130・4mm・ブラックダイヤ／ゴールド）… 1石
メタルプレート（カーブ・9×8mm・シルバー）… 3個
メタルバー（ウェーブ・40mm／線径1mm・シルバー）… 1個
ブローチ金具（シャワー台付き・15mm・シルバー）… 1個
テグス（3号・クリア）… 25cm×2本
接着剤 … 適宜

【b】
スパンコール
　A（平丸型／サイドホール・20mm・ホワイト／不透明アイリス）
　　[#20/SH Col.21] … 3枚
　B（平丸型／サイドホール・20mm・シルバー／メタリック）
　　[#20/SH Col.40] … 1枚
ダイヤレーン（#130・4mm・クリスタル／ゴールド）… 1石
メタルプレート（カーブ・9×8mm・ゴールド）… 3個
メタルバー（ウェーブ・40mm／線径1mm・ゴールド）… 1個
ブローチ金具（シャワー台付き・15mm・ゴールド）… 1個
テグス（3号・クリア）… 25cm×2本
接着剤 … 適宜

スパンコールは Sea Horse Brand の商品です。[　]内はメーカー品番です。

作り方（a、b共通）

① スパンコールBの周りをピンキングばさみで
　ギザギザにカットする。

② ①とスパンコールAを縦半分に折る。

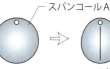

③ テグス25cmで②のスパンコールを8の字に通して
　図のように編む。※余ったテグスはカットしない。

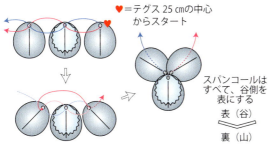

♥＝テグス25cmの中心からスタート

スパンコールはすべて、谷側を表にする
表（谷）
裏（山）

④ ダイヤレーンのバーをニッパーでカットし、ストーンを
　1個作る。テグス25cmでメタルプレートを8の字に通し、
　ストーンを付ける。※余ったテグスはカットしない。

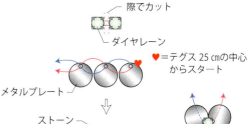

際でカット
ダイヤレーン
♥＝テグス25cmの中心からスタート
メタルプレート
ストーン

⑤ シャワー台に③④のテグスを図のように通す。モチーフの形を整え、
　シャワー台の裏でそれぞれのテグスを固結びして、余分をカットする。結び目に接着剤を付ける。

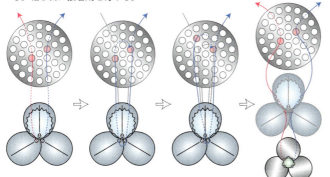

⑥ ⑤をブローチ金具にのせ、ツメを倒す。
　ブローチピンにメタルバーを通す。

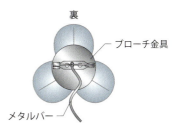

裏
ブローチ金具
メタルバー

ペタル アメリカンピアス [→ p.18]

完成サイズ モチーフ縦3cm×横2.7cm、全長（装着時）7cm

材料

スパンコール
　A（平丸型／サイドホール・10mm・オレンジ／メタリック）
　　［#10/SH Col.56］…2枚
　B（平丸型／サイドホール・20mm・ゴールド／メタリック）
　　［#20/SH Col.41］…2枚
　C（平丸型／サイドホール・30mm・シルバー／メタリック）
　　［#30/SH Col.40］…2枚
ピアス金具（アメリカンピアス・46mm・シルバー）…1セット

スパンコールはSea Horse Brandの商品です。［　］内はメーカー品番です。

作り方

① スパンコールを縦半分に折る。各2枚作る。

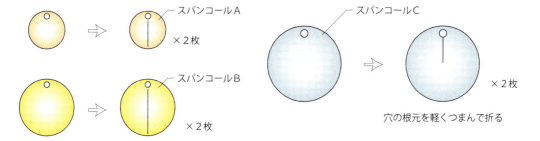

穴の根元を軽くつまんで折る

② ①のスパンコールBにはさみで1～1.2mm間隔に切り込みを入れる。

折り線の両脇1mmと
スパンコールの穴の周りを
切ってしまわないように注意

③ ピアス金具に付属しているCカンを開いて①②の
スパンコールを通す。同じものを合計2個作る。

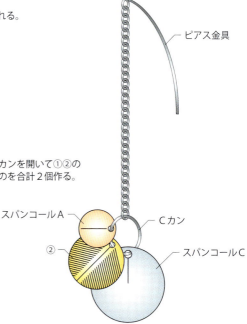

ピアス金具
スパンコールA
Cカン
スパンコールC

ペタル ピアス　[→ p.19]

完成サイズ　モチーフ縦 2cm ×横 2cm、全長 6cm

材料

【a】
スパンコール（平丸型／サイドホール・20mm・シルバー／メタリック）[#20/SH Col.40] … 2枚
スワロフスキー・パール（#5818 片穴・8mm・ホワイト）… 2個
メタルパーツ（スティック・1×35mm・ゴールド）… 2個
丸カン（0.7×3.5mm・ゴールド）… 6個
ピアス金具（芯立・5mm・ゴールド）… 1セット
接着剤 … 適宜

スパンコールは Sea Horse Brand の商品です。[　] 内はメーカー品番です。

【b】
スパンコール
　A（平丸型／サイドホール・20mm・ゴールド／メタリック）[#20/SH Col.41] … 4枚
　B（平丸型／サイドホール・20mm・ブラック／不透明）[#20/SH Col.42] … 2枚
メタルパーツ（スティック・1×35mm・シルバー）… 2個
丸カン（0.7×3.5mm・シルバー）… 8個
ピアス金具（カン付き・シルバー）… 1セット

作り方

【a の作り方】

① 芯立ピアスのおわん部分に接着剤を付け、スワロフスキー・パールを付ける。合計2個作る。

② スパンコールに穴あけパンチで穴をあけ、縦半分に折る。

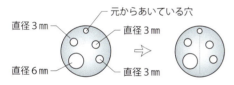

③ ②のスパンコールとメタルパーツを丸カンでつなぐ。

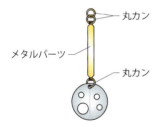

④ ①のピアス金具のポスト部分に③の丸カンを通す。同じものを合計2個作る。

【b の作り方】

① スパンコールに穴あけパンチで穴をあける。

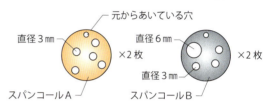

② スパンコールを縦半分のところで軽くつまむ。

穴の根元を軽くつまんで折る

③ ②のスパンコールとメタルパーツ、ピアス金具、ピアスキャッチをそれぞれ丸カンで図のようにつなぐ。同じものを合計2セット作る。

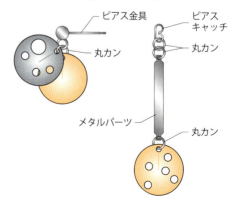

星屑 イヤリング [→ p.20]

完成サイズ　モチーフ縦2.5cm×横2.5cm

材料

【a】
スパンコール
　A（星型・10mm・ゴールド／メタリック）
　　［ファンシースパングル F10-501］… 12 枚
　B（星型・15mm・ゴールド／メタリック）
　　［ファンシースパングル F15-501］… 20 枚
デリカビーズ（ゴールド・DB-34）… 20 個
デザインピン（星・0.6×30mm・ゴールド）… 2 本
イヤリング金具（シャワー台付き・15mm・ゴールド）… 1 セット
テグス（3号・クリア）… 30cm × 2 本
接着剤 … 適宜

【b】
スパンコール
　A（星型・10mm・シルバー／メタリック）
　　［ファンシースパングル F10-500］… 12 枚
　B（星型・15mm・シルバー／メタリック）
　　［ファンシースパングル F15-500］… 20 枚
デリカビーズ（シルバー・DB-35）… 20 個
デザインピン（星・0.6×30mm・シルバー）…… 2 本
イヤリング金具（シャワー台付き・15mm・シルバー）… 1 セット
テグス（3号・クリア）… 30cm × 2 本
接着剤 … 適宜

スパンコールはトーホービーズの商品です。［　］内は品名・メーカー品番・カラー番号です。

作り方（a、b 共通）

① テグス 30 ㎝の端を 5cm 残して、シャワー台の中心から表に出す。
図の順に通す。最後に始めのテグスとシャワー台の裏で固結びし、余分をカットする。

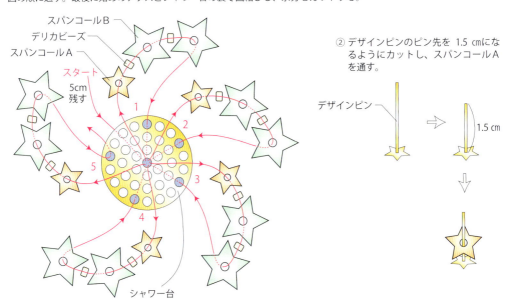

② デザインピンのピン先を 1.5 ㎝になるようにカットし、スパンコールAを通す。

③ ②を①のシャワー台の中心の穴に表から裏に通し、デザインピンの先を丸ヤットコでコイル状に巻き、固定する。

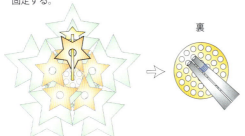

④ もう片方も①〜③と同様に作る。テグスの固結び部分に接着剤を付け、シャワー台をイヤリング金具にのせ、ツメを倒す。

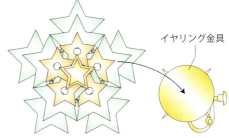

流星 ピアス　[→ p.20]

完成サイズ　モチーフ縦 5cm × 横 2.5cm

材料

スパンコール
　A（星型・10mm・ゴールド／メタリック）
　　［ファンシースパングル F10-501］… 22 枚
　B（星型・15mm・ゴールド／メタリック）
　　［ファンシースパングル F15-501］… 24 枚
デリカビーズ（ゴールド・DB-34）… 20 個
デザインピン（星・0.6 × 30mm・ゴールド）… 2 本

ピアス金具（シャワー台付き・15mm・ゴールド）… 1 セット
丸カン
　A（0.7 × 4mm・ゴールド）… 10 個
　B（0.8 × 5mm・ゴールド）… 4 個
チェーン（ゴールド）… 3cm × 2 本
テグス（3 号・クリア）… 30cm × 2 本
接着剤……適宜

※スパンコールはトーホービーズの商品です。［　］内は品名・メーカー品番・カラー番号です。

作り方

① チェーンを 3cm（9コマ分）にカットし、丸カンA、Bでスパンコールを図のようにつなぐ。

② テグス30cmの端を5cm残してシャワー台の中心から表に出す。図の順に通す。最後に始めのテグスとシャワー台の裏で固結びし、余分をカットする。

③ デザインピンのピン先を 1.5 cmになるようにカットし、スパンコールAを通す。

④ ③を②のシャワー台の中心の穴に表から裏に通し、デザインピンの先を丸ヤットコでコイル状に巻き、固定する。

⑤ もう片方も①〜④と同様に作る。テグスの結び目に接着剤を付け、シャワー台をイヤリング金具にのせてツメを倒す。

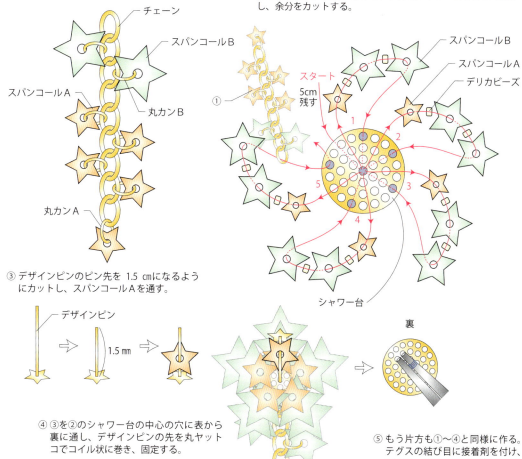

星とボール ピアス ［→ p.21］

完成サイズ　ボール直径 2.2cm、全長 3.8cm

材料

スパンコール（星型・6mm・ゴールド／メタリック）
　［ファンシースパングル F6-501］… 28 枚
コットンパール（ラウンド・22mm・ホワイト）… 2 個
チャーム（スター・10mm・クリスタル／ゴールド）… 2 個
Tピン（0.6 × 30mm・ゴールド）… 26 本
ピアス金具（丸皿・6mm・ゴールド）… 1 セット
接着剤……適宜

スパンコールはトーホービーズの商品です。［　］内は品名・メーカー品番・カラー番号です。

作り方

① Tピンをピン先が長さ5mmになるようにニッパーでカットする。合計24本作る。

② コットンパールに目打ちで①が埋まる大きさの穴をあける。穴は1段に4個ずつ合計12個あける。合計2個作る。

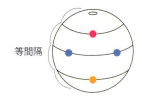

③ チャームの裏側に接着剤で丸皿ピアスを貼り付ける。合計2個作る。

④ ①にスパンコールを通し、ピン先に接着剤を付け、②の穴に差し込む。すべての穴に同様に差し込み、乾かす。

穴にも接着剤を付けると強度が増す

⑤ Tピンにスパンコールと④を通し、丸ヤットコでピンの先を丸める。合計2個作る。

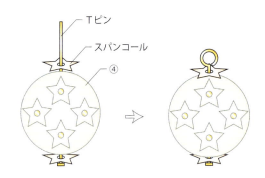

⑥ ③のカン部分に⑤をつなぐ。合計2個作る。

桜ブローチ ［→ p.22］

完成サイズ　モチーフ縦 3.7cm × 横 3.7cm

材料

【a】
スパンコール（平丸型／サイドホール・20mm・オールドローズ／
メタリック）［#20/SH Col.31］… 5 枚
キュービックチャトン（丸型・5mm・クリスタル／ゴールド）
… 1 個
メタルパーツ（花芯・24mm・ゴールド）… 1 個
ブローチ金具（シャワー台付き・15mm・ゴールド）… 1 個
テグス（3 号・クリア）… 30cm × 1 本
接着剤 … 適宜

【b】
スパンコール（平丸型／サイドホール・20mm・ルビー／メタリック）
［#20/SH Col.37］… 5 枚
キュービックチャトン（丸型・5mm・クリスタル／ゴールド）
… 1 個
メタルパーツ（花芯・24mm・ゴールド）… 1 個
ブローチ金具（シャワー台付き・15mm・ゴールド）… 1 個
テグス（3 号・クリア）… 30cm × 1 本
接着剤 … 適宜

スパンコールは Sea Horse Brand の商品です。［　］内はメーカー品番です。

作り方（a、b 共通）

① スパンコールを縦半分に折る。合計 5 枚作る。

② テグス 30cm で①をスパンコールの谷側が表になるようにして、図のように通す。スパンコールが一定方向に重なるように整える。

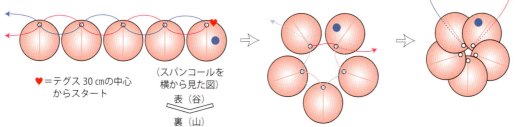

③ シャワー台の穴に②のテグスを図のように通し、キュービックチャトンでメタルパーツを押さえ、ひっかけるようにして付ける。シャワー台の裏でテグスを固結びし、余分をカットする。結び目に接着剤を付ける。

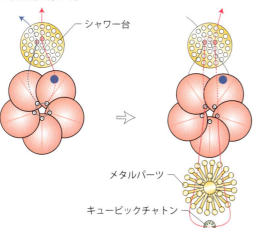

④ スパンコールの折り目の先端を V 字にカットする。●のスパンコールが真上を向くように配置し、シャワー台をブローチ金具にのセツメを倒す。

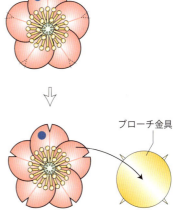

桜ヘアコーム　[→ p.23]

完成サイズ　モチーフ（大）縦3.7cm×横3.7cm、モチーフ（小）縦2cm×横2cm

材料

【a】
スパンコール
　A（平丸型／サイドホール・10mm・オールドローズ／メタリック）
　　［#10/SH Col.31］… 5枚
　B（平丸型／サイドホール・20mm・オールドローズ／メタリック）
　　［#20/SH Col.31］… 5枚
キュービックチャトン
　A（丸型・4mm・クリスタル／ゴールド）… 1個
　B（丸型・5mm・クリスタル／ゴールド）… 1個
スワロフスキー・クリスタル（#1088・PP17・クリスタル）… 10個
メタルパーツ（花芯・16mm・ゴールド）… 1個
ヘアコーム金具（10山・35×38mm・ゴールド）… 1個
テグス（3号・クリア）… 25cm1本、30cm×1本
接着剤 … 適宜

【b】
スパンコール
　A（平丸型／サイドホール・10mm・ホワイト／不透明アイリス）
　　［#10/SH Col.21］… 5枚
　B（平丸型／サイドホール・20mm・ホワイト／不透明アイリス）
　　［#20/SH Col.21］… 5枚
キュービックチャトン
　A（丸型・4mm・クリスタル／ゴールド）… 1個
　B（丸型・5mm・クリスタル／ゴールド）… 1個
スワロフスキー・クリスタル（#1088・PP17・クリスタル）… 10個
メタルパーツ（花芯・16mm・ゴールド）… 1個
ヘアコーム金具（10山・35×38mm・ゴールド）… 1個
テグス（3号・クリア）… 25cm1本、30cm×1本
接着剤 … 適宜

スパンコールは Sea Horse Brand の商品です。[ ] 内はメーカー品番です。

作り方（a、b共通）

① メタルパーツに接着剤でスワロフスキー・クリスタルを貼り付ける。

② スパンコールを縦半分に折る。各5枚作る。

③ 桜モチーフを大小1個ずつ作る。テグスに②のスパンコールを図のように通す。スパンコールが一定方向に重なるように整える。モチーフ大はキュービックチャトンでメタルパーツを押さえ、ひっかけるようにして付ける。※余ったテグスはカットしない。

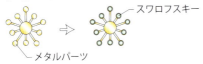

♥＝テグス30cmの中心からスタート
※モチーフ小はテグス25cm使用。
（スパンコールを横から見た図）
表（谷）　裏（山）

モチーフ小はスパンコールAでメタルパーツなしで同様に作る。
モチーフ大　キュービックチャトンA　モチーフ小　キュービックチャトンB

④ スパンコールの折り目の先端を、はさみでV字にカットする。

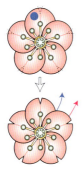 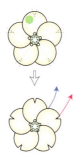

⑤ モチーフから出ているテグスをヘアコーム金具に図のように2～3回巻きつけ、テグスをモチーフの下に隠れる位置で固結びし、余分をカットする。結び目に接着剤を付ける。

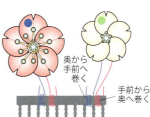
奥から手前へ巻く　手前から奥へ巻く
ヘアコーム金具

桜 イヤリング ［→ p.24］

完成サイズ　モチーフ縦 3.7cm ×横 3.7cm

材料

スパンコール（平丸型／サイドホール・20mm・ホワイト／不透明アイリス）［#20/SH Col.21］… 10 枚
キュービックチャトン（丸型・5mm・クリスタル／ゴールド）… 2 個
スワロフスキー・クリスタル（#1088・PP17・クリスタル）… 20 個
メタルパーツ（花芯・16mm・ゴールド）… 2 個
イヤリング金具（シャワー台付き・15mm・ゴールド）… 1 セット
テグス（3 号・クリア）… 30cm × 2 本
接着剤 … 適宜

スパンコールは Sea Horse Brand の商品です。［ ］内はメーカー品番です。

作り方

① メタルパーツに接着剤でスワロフスキー・クリスタルを貼り付ける。合計 2 個作る。

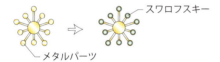

② スパンコールを縦半分に折る。合計 10 枚作る。

③ テグス 30㎝で②を図のように通す。
スパンコールが一定方向に重なるように整える。※余ったテグスはカットしない。

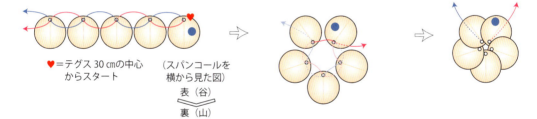

④ シャワー台の穴に③のテグスを図のように通し、キュービックチャトンでメタルパーツを押さえ、ひっかけるようにして付ける。シャワー台の裏でテグスを固結びして余分をカットする。結び目に接着剤を付ける。

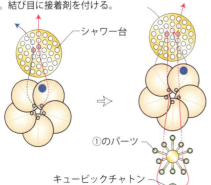

⑤ スパンコールの折り目の先端を、はさみでV字にカットする。●のスパンコールが真上を向くように配置し、イヤリング金具にのせツメを倒す。もう片側も③〜⑤と同様に作る。

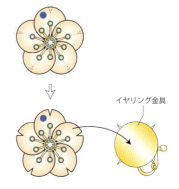

桜 ピアス　[→ p.25]

完成サイズ　モチーフ縦2cm×横2cm

材料

【a】
スパンコール（平丸型／サイドホール・10mm・ホワイト／不透明アイリス）[#10/SH Col.21] … 10枚
キュービックチャトン（丸型・4mm・クリスタル／ゴールド） … 2個
ピアス金具（シャワー台付き・8mm・ゴールド） … 1セット
テグス（3号・クリア） … 25cm×2本
接着剤 … 適宜

【b】
スパンコール（平丸型／サイドホール・10mm・オールドローズ／メタリック）[#10/SH Col.31] … 10枚
キュービックチャトン（丸型・4mm・クリスタル／ゴールド） … 2個
ピアス金具（シャワー台付き・8mm・ゴールド） … 1セット
テグス（3号・クリア） … 25cm×2本
接着剤 … 適宜

スパンコールは Sea Horse Brand の商品です。[ ]内はメーカー品番です。

作り方（a、b共通）

① スパンコールを縦半分に折る。合計10枚作る。

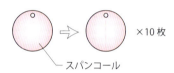

② テグス25cmで①を図のように通す。
　スパンコールが一定方向に重なるように整える。
　※余ったテグスはカットしない。

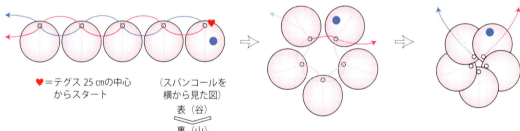

③ シャワー台の穴に②のテグスを図のように通し、キュービックチャトンを付ける。シャワー台の裏でテグスを固結びして余分をカットする。結び目に接着剤を付ける。

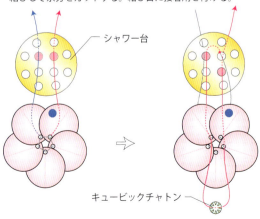

④ スパンコールの折り目の先端を、はさみでV字にカットする。●のスパンコールが真上を向くように配置し、ピアス金具にのセツメを倒す。
もう片側も②〜④と同様に作る。

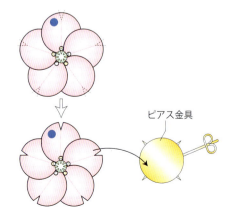

ボール ピアス [→ p.26]

完成サイズ　ボール直径22mm、全長6.5cm

材料

【a】
スパングルチェーン（亀甲型・6mm・ガンメタ／メタリック）
　[No.707] … 40cm × 2本
スワロフスキー・クリスタル（#1088・SS39・ジェット）… 2個
コットンパール（ラウンド・18mm・ホワイト）… 2個
メタルパーツ（直パイプ・1.0 × 15mm・シルバー）… 4個
Tピン（0.8 × 65mm・シルバー）… 2本
ピアス金具（石座付き・8mm用・シルバー）… 1セット
グルーガン … 適宜

【b】
スパングルチェーン（亀甲型・6mm・ホワイト／不透明）[No.602]
　… 40cm × 2本
コットンパール
　A（ラウンド・18mm・ホワイト）… 2個
　B（ラウンド・8mm・ホワイト）… 2個
メタルパーツ（直パイプ・1.0 × 15mm・シルバー）… 4個
Tピン（0.8 × 65mm・シルバー）…… 2本
ピアス金具（石座付き・8mm用・シルバー）… 1セット
グルーガン … 適宜
接着剤 … 適宜

スパングルチェーンはトーホービーズの商品です。[ ] 内はカラー番号です。

作り方

① p.43 を参照してコットンパールにスパングルチェーンをグルーガンで貼り付けてスパンコールボールを2個作る。

　×2個

② ①で余ったスパングルチェーンの糸をほどき、スパンコールのみ4枚用意する。

③【a】はピアス金具の石座部分にスワロフスキー・クリスタルをのせ、ツメを倒して固定する。
【b】は石座部分に接着剤を付け、コットンパールを貼り付ける。合計2個作る。

【a】

【b】
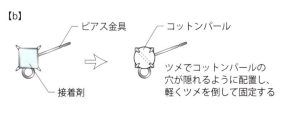

④ Tピンに②①②の順に通し、メタルパーツ2個を通してピンの先を丸め、③のカン部分につなぐ。同じものを合計2個作る。

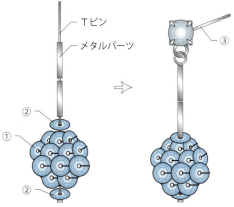

---

p.74 チェリーピアス【めがね留めのし方】

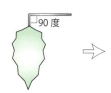 

ワイヤーを根元から数mm離して90度に曲げる。　丸ヤットコに沿わせて輪を作る。　輪の下に2～3回しっかり巻きつける。　余分をカットし、平ヤットコで切り口を押さえる。

チェリー ピアス＆イヤリング　［→p.27］

完成サイズ　a（イヤリング）縦5cm×横5cm、
　　　　　　b（ピアス）縦6cm×横2.5cm

材料

【a（イヤリング）】
スパングルチェーン（亀甲型・6mm・レッド／メタリック）［No.507］
　…40cm×4本
コットンパール（ラウンド・18mm・ホワイト）…4個
造花（バラリーフ・グリーン）…2個
Tピン（0.8×65mm・ゴールド）…4本
イヤリング金具（シャワー台付き蝶バネ・16mm・ゴールド）
　…1セット
グルーガン…適宜

【b（ピアス）】
スパングルチェーン（亀甲型・6mm・ブラック／不透明）［No.510］
　…40cm×2本
コットンパール（ラウンド・18mm・ホワイト）…2個
造花（バラリーフ・グリーン）…2個
Tピン（0.8×65mm・シルバー）…2本
ピアス金具（U字・15×12mm・シルバー）…1セット
グルーガン…適宜

スパングルチェーンはトーホービーズの商品です。［ ］内はカラー番号です。

作り方

【a（イヤリング）】
① p.43を参照してスパンコールボールを4個作る。
② ①で余ったスパングルチェーンの糸をほどき、スパンコールのみを8枚用意する。
③ Tピンを50mm残してカットし、①と②を通す。4個作る。

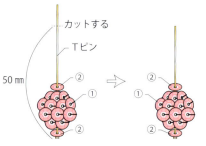

④ Tピンをシャワー台の穴に通し、シャワー台の裏でピンの先を丸める。

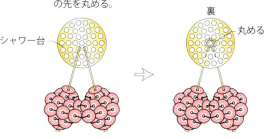

⑤ ④のTピンをシャワー台に押し付けるようにして曲げ、イヤリング金具にのせ、ツメを倒す。

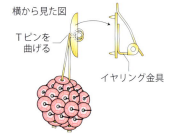

【b（ピアス）】
① p.43を参照してスパンコールボールを2個作る。
② ①で余ったスパングルチェーンの糸をほどき、スパンコールのみを4枚用意する。
③ Tピンに①と②を通す。
④ Tピンを直径8mmの棒に巻きつけてカーブを作り、ピンの先を丸める。

⑤ 造花（バラリーフ）のワイヤー部分をめがね留めし、ピアス金具のカン部分に④とつなぐ。
※めがね留めのし方は、詳しくはp.73で紹介。

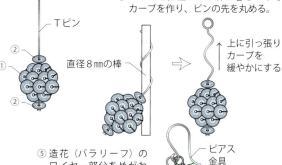

⑥ シャワー台の表に造花の葉をグルーガンで貼り付ける。もう片側も④〜⑥同様に作る。（⑥の造花（バラリーフ）の向きは左右対称に作る。）

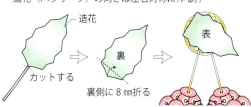

パンジー イヤリング [→ p.28]

完成サイズ　モチーフ縦 2.7cm × 横 2.5cm

材料

【a】

スパンコール（シェル型・14×13mm・ホワイト／不透明 AB）
　［ファンシースパングル F36 No.201］… 10 枚
スワロフスキー・パール（#5810・4mm・パステルイエロー）
　… 2 個
メタルパーツ（花芯・12×12×5mm・ゴールド）… 2 個
イヤリング金具（シャワー台付き・10mm・ゴールド）… 1 セット
テグス（3号・クリア）… 20cm×2本、25cm×2本
接着剤 … 適宜

【b】

スパンコール（シェル型・14×13mm・ホワイト／不透明 AB）
　［ファンシースパングル F36 No.201］… 10 枚
スワロフスキー・パール（#5810・4mm・ホワイト）… 2 個
メタルパーツ（花芯・12×12×5mm・シルバー）… 2 個
イヤリング金具（シャワー台付き・10mm・シルバー）… 1 セット
テグス（3号・クリア）… 20cm×2本、25cm×2本
接着剤 … 適宜

スパンコールはトーホービーズの商品です。［ ］内は品名・メーカー品番です。

作り方（a、b 共通）

① テグス 20cm でスパンコールを図のように通す。
　2 個作る。※余ったテグスはカットしない。

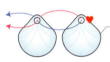
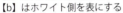

♥ ＝テグス 20cm の中心
　からスタート
スパンコール
【a】は AB 加工側を表に、
【b】はホワイト側を表にする

② テグス 25cm でスパンコールを図のように通す。
　2 個作る。※余ったテグスはカットしない。

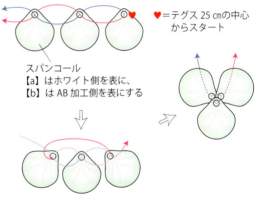

♥ ＝テグス 25cm の中心
　からスタート
スパンコール
【a】はホワイト側を表に、
【b】は AB 加工側を表にする

③ シャワー台に①を図のように通し、シャワー台の裏でテグスを固結びし、余分をカットする。

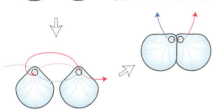

シャワー台

④ ③のシャワー台に②を図のように通し、スワロフスキー・パールでメタルパーツを押さえ、ひっかけるようにして付ける。シャワー台の裏でテグスを固結びし、余分をカットする。※③で固定したモチーフは省略している。

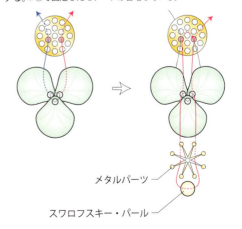

メタルパーツ
スワロフスキー・パール

⑤ テグスの結び目に接着剤を付け、イヤリング金具にのせ、ツメを倒す。

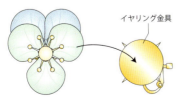

イヤリング金具

パンジー ブローチ [→ p.29]

完成サイズ　モチーフ縦4cm×横3.7cm

材料

【a】
スパンコール
　A（平丸型／サイドホール・10mm・ヘマタイト／メタリック）
　　　[#10/SH Col.P250]　… 3枚
　B（平丸型／サイドホール・20mm・パープル／メタリック）
　　　[#20/SH Col.38]　… 3枚
　C（平丸型／サイドホール・20mm・イエロー／透明アイリス）
　　　[#20/SH Col.17]　… 2枚
スワロフスキー・パール（#5810・5mm・ホワイト）… 1個
メタルパーツ（花芯・12×12×5mm・ゴールド）… 1個
ブローチ金具（シャワー台付き・15mm・ゴールド）… 1個
テグス（3号・クリア）… 20cm×1本、25cm×1本
接着剤 … 適宜

【b（ピアス）】
スパンコール
　A（平丸型／サイドホール・10mm・ヘマタイト／メタリック）
　　　[#10/SH Col.P250]　… 3枚
　B（平丸型／サイドホール・20mm・オレンジ／メタリック）
　　　[#20/SH Col.56]　… 3枚
　C（平丸型／サイドホール・20mm・イエロー／透明アイリス）
　　　[#20/SH Col.17]　… 2枚
スワロフスキー・パール（#5810・5mm・ダークグレー）… 1個
メタルパーツ（花芯・12×12×5mm・ゴールド）… 1個
ブローチ金具（シャワー台付き・15mm・ゴールド）… 1個
テグス（3号・クリア）… 20cm×1本、25cm×1本
接着剤 … 適宜

スパンコールは Sea Horse Brand の商品です。[ ] 内はメーカー品番です。

作り方（a、b共通）

① スパンコール A、B を縦半分に折る。

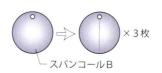

② テグス 20cm でスパンコール C を図のように通す。
※余ったテグスはカットしない。

③ テグス 25cm でスパンコール A、B を図のように通す。
※余ったテグスはカットしない。

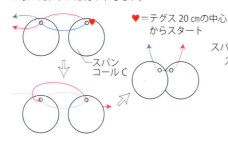
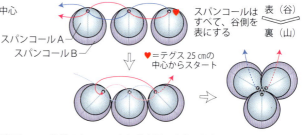

④ シャワー台に②を図のように通し、シャワー台の裏でテグスを固結びし、余分をカットする。

⑤ ④のシャワー台に③を図のように通し、スワロフスキー・パールでメタルパーツを押さえ、ひっかけるようにして付ける。シャワー台の裏でテグスを固結びし、余分をカットする。※④で固定したモチーフは省略している。

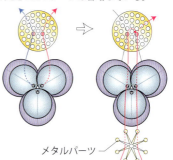

⑥ テグスの結び目に接着剤を付け、ブローチ金具にのせ、ツメを倒す。

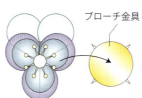

パンジー ネックレス [→ p.30]

完成サイズ　モチーフ縦4cm×横3.7cm、
ネックレス首周り93cm

材料

スパンコール
　A（平丸型／サイドホール・10mm・ブラック／不透明）
　　［#10/SH Col.42］… 6枚
　B（平丸型／サイドホール・20mm・ヘマタイト／メタリック）
　　［#20/SH Col.P250］… 6枚
　C（平丸型／サイドホール・20mm・パープル／透明アイリス）
　　［#20/SH Col.7］… 4枚
スワロフスキー・パール（#5810・5mm・ダークグレー）… 2個
コットンパール（ラウンド・10mm・ブラック）… 78個
スパンコールはSea Horse Brandの商品です。［ ］内はメーカー品番です。

丸小ビーズ（ブラック）… 76個
メタルパーツ（花芯・12×12×5mm・シルバー）… 2個
ペンダント金具（シャワー台2カン付き・15mm・シルバー）
　… 2個
U字金具（4×5mm・ブラック）… 4個
つぶし玉（2.5mm・ブラック）… 4個
ナイロンコートワイヤー（ブラック）… 70cm×2本
テグス（3号・クリア）… 20cm×2本、25cm×2本
接着剤 … 適宜

作り方

① p.76 の①〜⑤と同様にしてパンジーのモチーフを2個作る。
テグスの結び目に接着剤を付け、シャワーペンダント金具にのせ、ツメを倒す。

② ナイロンコートワイヤー70cm2本にそれぞれコットンパールと丸小ビーズを交互に通す。

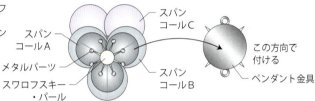

③ ①と②をU字金具とつぶし玉で4か所つなぐ。

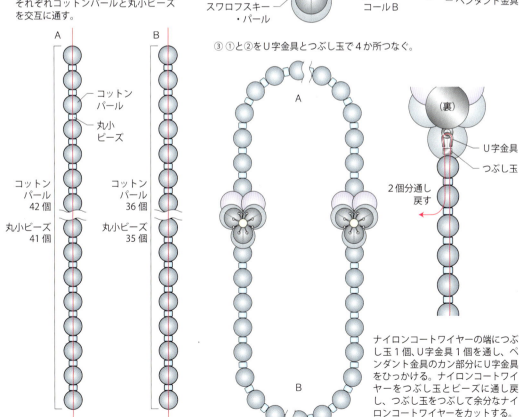

ナイロンコートワイヤーの端につぶし玉1個、U字金具1個を通し、ペンダント金具のカン部分にU字金具をひっかける。ナイロンコートワイヤーをつぶし玉とビーズに通し戻し、つぶし玉をつぶして余分なナイロンコートワイヤーをカットする。反対側も同様にする。

木の葉 ブレスレット ［→ p.32-33］

完成サイズ 手首周り18cm

材料

【a】
スパンコール（平丸型／サイドホール・10mm・ゴールド／
　メタリック）［#10/SH Col.41］… 32 枚
デリカビーズ（ゴールド・DB34）… 31 個
つぶし玉（1.5mm・ゴールド）… 2 個
ワイヤーブレスレット金具
　（ワイヤーブレス1連・線径0.7×直径60mm・ゴールド）… 1 個
接着剤……適宜

【b】
スパンコール（平丸型／サイドホール・10mm・シルバー／
　メタリック）［#10/SH Col.40］… 32 枚
デリカビーズ（シルバー・DB35）… 31 個
つぶし玉（1.5mm・シルバー）… 2 個
ワイヤーブレスレット金具
　（ワイヤーブレス1連・線径0.7×直径60mm・シルバー）… 1 個
接着剤 … 適宜

スパンコールはSea Horse Brandの商品です。［ ］内はメーカー品番です。

作り方（a、b共通）

① スパンコールを縦半分に折る。32 枚作る。

② ワイヤーブレスレット金具につぶし玉、スパンコール、デリカビーズを図の順に通す。スパンコールの折り山が交互になるように通す。

③ スパンコールをブレスレットの中心に少し寄せ、両端のつぶし玉をつぶす。最後にワイヤーブレスレット金具の先端に付属の丸玉を接着剤で付ける。

【通す順番と向き】
スパンコールは32枚、デリカビーズは31個通す。

木の葉 フープピアス ［→ p.32-33］

完成サイズ モチーフ縦5cm×横3.5cm

材料

スパンコール（平丸型／サイドホール・10mm・ゴールド／メタリック）［#10/SH Col.41］… 36 枚
デリカビーズ（ゴールド・DB34）… 34 個
ピアス金具（フープ楕円・45×30mm・ゴールド）… 1 セット

スパンコールはSea Horse Brandの商品です。［ ］内はメーカー品番です。

作り方

① スパンコールを縦半分に折る。36 枚作る。

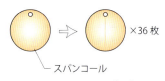

② フープピアス金具にスパンコール、デリカビーズを図の順に通す。スパンコールの折り山が交互になるように通す。

【通す順番と向き】
スパンコールは1個のフープピアス金具に18枚、デリカビーズは17個通す。

リーフ フープピアス　[→ p.31]

完成サイズ　モチーフ縦5cm×横5cm

材料

スパンコール（リーフ型・ゴールド／メタリック）[リーフミックス]……16枚
スワロフスキー・クリスタル（#5000・4mm・クリスタルメタリック Lt. ゴールド 2X）……10個
つぶし玉（1.5mm・ゴールド）……4個
ピアス金具（フープ・30mm・ゴールド）……1セット

スパンコールはトーホービーズの商品です。[ ] 内は品名です。

作り方

① フープピアス金具にスパンコール、スワロフスキー・クリスタル、つぶし玉を図のように通す。スパンコールは反りが交互になるように通す。

② ①のスパンコールを中心に寄せ、適当な位置でつぶし玉をつぶし、フープピアス金具の先端を平ヤットコで5mm折り曲げる。

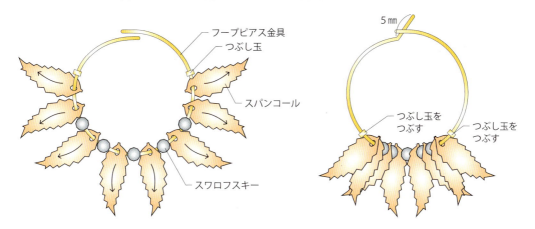

木の葉 ネックレス　[→ p.34]

完成サイズ　首周り40cm

材料

スパンコール（平丸型／サイドホール・10mm・ゴールド／メタリック）[#10/SH Col.41]… 28枚
丸カン（0.7×3.5mm・シルバー）… 2個
カシメ金具（1.2mm・シルバー）… 2個
引き輪（6mm・シルバー）… 1個
板カン（シルバー）… 1個
チェーン（極細スネークチェーン・シルバー）… 38cm×1本

スパンコールはSea Horse Brandの商品です。[ ] 内はメーカー品番です。

作り方

① スパンコールを縦半分に折る。28枚作る。

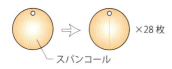

③ チェーンの両端にカシメ金具を付け、丸カンで引き輪と板カンをつなぐ。

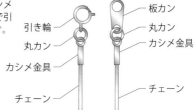

② チェーンに図の順に通す。スパンコールの折り山が交互になるように通す。

【通す順番と向き】
スパンコールは28枚通す。

青山美枝子

itte design group Inc. ／ fast couture デザイナー
アパレルやアクセサリーの会社を経て、fast couture を立ち上げる。
「楽しく、自由なお洒落」をモットーに、アクセサリーを中心とした
ファッションアイテムを製作。

fast couture

コンセプトは「あとちょっとを満たす、お洒落の提案」
ありそうでなかった想像性から生まれるファッションとアクセサ
リーを展開するブランド。
www.itte.co.jp/fastcouture

Staff

撮影	寺岡みゆき（表紙、p.1 〜 34）
	市瀬真以（スタジオダンク）(p.36 〜 p.46)
スタイリング	串尾広枝
ヘアメイク	AKI
モデル	葉月
製図	原山 恵
校正	みね工房
企画・デザイン	山田素子（スタジオダンク）
編集	相澤若菜
進行	横木純子

スパンコールのアクセサリー

平成 28 年 11 月 20 日　初版第 1 刷発行

著者　青山美枝子
発行人　穂谷竹俊
発行所　株式会社日東書院本社
　　　　〒 160-0022
　　　　東京都新宿区新宿 2 丁目 15 番 14 号 辰巳ビル
　　　　TEL：03-5360-7522（代表）
　　　　FAX：03-5360-8951（販売部）
　　　　ホームページ：http://www.TG-NET.co.jp

印刷所　三共グラフィック株式会社
製本所　株式会社宮本製本所

◎本書の内容を許可なく無断転載・複製することを禁じます。
◎乱丁・落丁はお取り替えいたします。小社販売部までご連絡ください。
◎本書の内容に関するお問い合わせは、お手紙かメール (info@TG-NET.co.jp) にて承ります。
　恐縮ですが、お電話でのお問い合わせはご遠慮いただきますようお願いいたします。

本書の掲載作品について、営利目的（キット販売、オークション販売、インターネットの各種販売サイト、個人売買マーケット、SNS、実店舗やフリーマーケット、スクール運営など）で複製することは禁止されています。また、本誌掲載作品の類似品も営利目的では使用できません。

© itte design group Inc. 2016
Printed in Japan
ISBN978-4-528-02127-3 C2077

材料提供

大伍貿易株式会社（Ses Horse Brand）
TEL：06-6779-1307
http://www.daigo-boeki.co.jp/
Facebook
https://www.facebook.com/daigoboeki.jp/
Instagram
https://www.instagram.com/daigoboeki/

Instagram　Facebook

トーホー株式会社
TEL：082-237-5151
http://www.toho-beads.co.jp/

衣装協力

fast couture
https://www.itte.co.jp/fastcouture
p.6　　フリルＴシャツ
p.33　ファースウェット

フラミンゴ表参道店／03-5468-5532
〒 150-0001
東京都渋谷区神宮前 6-2-9 ミナガワビル B1F
p.8　　ワンピース
p.21　ハイネックニット
p.26　ブラウス